영선중학교

미래 교실의 혁신[*]

에듀테크를 통한
교육 변화 두번째 이야기

— 참여교사 —

과학 김철강, 과학 박홍제, 국어 박지영

미술 김유라, 사회 정기원, 수학 임인혜

영어 이지은, 영어 허명주, 정보 고기식

도서출판
아·라

영선중학교

미래 교실의 혁신
에듀테크를 통한 교육 변화 두번째 이야기

펴낸곳   도서출판 아람

발행일   2024년 11월(초판)

주 소   전북특별자치도 전주시 덕진구 건산로 299

전 화   TEL (063) 246-3637

이메일   aram246@daum.net

참여학교   고창 영선중학교

참여교사   김철강, 박홍제, 박지영, 김유라, 정기원, 임인혜, 이지은, 허명주, 고기식

값 12,000원

ISBN 979-11-986870-3-6

CONTENTS

에듀테크를 통한 교육의 변화에 이어
에듀테크의 활용 가능성과 그 미래를 담다

디지털 혁명이 가속화됨에 따라 교육 환경은 급격한 변화를 맞이하고 있습니다. 에듀테크의 발전은 교사들에게 전통적인 교육 방식을 넘어선 새로운 교수·학습의 가능성을 열어주고 있습니다. 이러한 기술의 도입은 단순히 교실에서의 도구 활용을 넘어, 교육의 포용성을 강화해 학습의 접근성과 효율성을 높이고 학생 중심의 맞춤형 교육을 실현하는 데 기여하고 있습니다.

다양한 에듀테크 활용 수업은 학생들에게 전통적 교실의 경계를 넘어선 풍부한 학습 경험을 제공합니다. 이는 단순한 지식 전달을 넘어 학생들이 스스로 학습을 주도하고 창의적인 사고를 발휘하며, 더욱 깊이 있는 탐구와 문제 해결 능력을 배양할 수 있도록 지원합니다.

에듀테크는 교사들에게도 새로운 도전을 안겨줍니다. 실시간 학습 분석 도구를 통해 학생 개개인의 학습 진행 상황을 모니터링하고, 데이터 기반의 개인화된 피드백을 제공할 수 있는 교수·학습 환경을 만들어 줍니다. 이를 통해 학생들은 자신만의 학습 경로를 이해하며 자신감을 갖고, 목표를 향해 나아갈 수 있습니다. 또한, 협력적 학습 환경을 조성해 교사와 학생 간의 상호작용을 더욱 깊게 하고, 학생의 협동 학습 및 문제 해결 능력을 강화하는 기회를 제공합니다.

2023년에 발간한 '에듀테크를 통한 교육 변화'에 이어 두 번째로 발간하는
본 저서는 에듀테크를 통한 교육발전을 향하는 영선중학교 교사들의 심화
된 관점을 담았습니다. 에듀테크는 교육혁신의 열쇠이자 학생들이 다가올
미래에 필요한 기술과 역량을 갖추도록 돕는 강력한 도구입니다. 교사로서
우리는 이러한 변화를 수용하고, 더 나은 학습 환경을 만들기 위해 기술과 함께
성장해야 합니다. 에듀테크는 교사들에게 단순한 도구 이상의 의미를 지니며,
교육의 미래를 함께 만드는 동반자로 자리 잡고 있습니다.

이 책을 통해 디지털 선도학교, 에듀테크 시범학교, AI 정보교육 선도학교인
영선중학교 교사들이 에듀테크를 활용해 어떻게 교육적 발전을 이루고 있는지,
그 여정을 독자들과 공유하고자 합니다.

이 책이 교육 현장에서 변화를 모색하는 교사들에게 통찰과 영감을 제공하길
바랍니다.

2024년 11 월
저자 일동

1 학교 소개

1946년 4월 1일 개교하여, 9,922명의 졸업생을 배출한 영선중학교는 역사와 전통을 자랑하는 학교입니다. 이후 변화를 거듭하여 2008년 3월 전국 단위 모집 자율학교로 지정되었고 실력과 인성을 겸비한 학생을 키우는 것을 목표로 노력하고 있습니다. 그 결과 전국의 우수한 학생이 앞다투어 찾아오는 명품학교로 발전하였습니다.

꿈에 도전하세요!
함께 이뤄 나가겠습니다.

학교 연혁

1900
- 1946. 10. 무장초급중학교 인가
- 1987. 08. 학교법인 무송학원 설립
- 1999. 11. 이사장 고석원 선생 취임

2000
- 2008. 03. 전국단위모집 자율학교 인가
- 2012. 03. 디지털교과서 연구학교 지정
- 2014. 08. 행복학교 박람회 교육부 장관상 수상
- 2015. 04. SW교육 선도학교 지정
- 2018. 03. 삼성 미래교육모델학교 지정
- 2018. 04. 교육부 독도 지킴이 학교 지정
- 2023. 11. 전북특별자치도교육청 에듀테크 시범학교 지정
- 2024. 01. 제77회 졸업(누계 9,922명 졸업)

2024
- 2024. 03. 제21대 고명성 교장 취임
  전북특별자치도교육청 미래학교 선정
  전북특별자치도교육청 에듀테크 시범학교 운영
  전북특별자치도교육청 AI 정보교육 선도학교 운영
  전북특별자치도교육청 디지털 선도학교 운영

학생 현황

서울, 경기 21
강원
울릉도
독도
충남 2
충북 1
세종 3
대전 1
경북
전북 66
대구 1
광주 87
경남 2
전남 22
제주도

총 206명

2 교육과정 운영 및 특징

◉ 영선의 수업혁신

- 전북 미래학교 및 수학·과학 나눔·활동 중점학교 운영
- 에듀테크 기반 수업 환경 구축 및 학습법 연구
- 수업과 연계한 다양한 교내 대회 실시 & 교외 대회 다수 수상
- 영어(원어민 교사), 수학, 과학을 추가 편성하여 운영
- AI 학습실, 융합형 수학실, 프로젝트 Lab실, 정보실 운영

◉ 교육과정 혁신으로 다채로운 프로그램 운영

- 교과 102시간, 창의적 체험활동 68시간 추가 편성 운영
- 1인 1악기 연주(밴드, 드럼, 피아노, 바이올린, 통기타, 플루트 등)
- 한국문화예술교육진흥원과 연계한 예술 강사 사업 참여(영화, 국악)
- 학생 주도형 테마식 진로체험 실시
- 우리 지역의 문화와 역사를 체험하는 기회 제공
- 해당 직업별 전문가를 초청하여 진로교육 실시

1인 1악기 연주(드럼)

영화 제작 수업

자기주도학습 설명회

◉ 다양한 방과후 수업 및 자기주도학습을 위한 면학실 운영

- 학생 자신의 수준과 흥미에 따라 자유롭게 방과후 수업 선택
- 주요 교과의 기본 및 심화, 애니메이션, 특기 적성 등 20개 강좌 운영
- 자기주도학습을 위한 면학실 운영, 으뜸인재 육성사업

자기주도 학습 선후배 원격 설명회

방과후 프로젝트 수업

AI 학습실 자기주도 학습

3 우리 학교의 특색 프로그램

인문사회 영재학급 — 특색 프로그램 1

- 학생중심 인문사회 영재학급 운영
- 교과수업, 리더십 및 인성분야를 집중적으로 학습하며 봉사활동, 산출물 발표회, 현장체험학습, 다양한 시각으로 분석·토론하여 올바른 역사 의식과 민주 시민 의식 함양
- 차별화된 커리큘럼을 통해 학생들이 잠재력과 창의성을 마음껏 펼쳐 훗날 미래 사회에 주도적인 역할을 하는 인재로 성장하도록 안내

유네스코 학교 — 특색 프로그램 2

- 2013년 전북특별자치도에 있는 중학교 중 유네스코 학교 최초 가입
- 학생들 스스로 세계시민으로 성장할 수 있도록 운영 지원
- 지속 가능한 발전 교육, 환경교육, 인권교육, 국제 이해 교육을 통한 글로벌 리더 육성

정규 및 학생주도 자율동아리 — 특색 프로그램 3

- 18개의 정규동아리 및 학생들이 스스로 구성하여 12개의 자율동아리 조직
- 선후배 간의 유대관계 유지 및 개인 역량 향상
- 교과 외 체험을 통한 맞춤형 재능 계발
- 자율적 동아리 조직 및 활동을 통해 민주적인 학교 문화 창출
- 자아실현의 기회를 제공하며 민주 시민의 자질을 갖춘 미래 인재 육성
- 동아리 부원들이 협력하여 제작한 동아리 부스 활동 진행

독도지킴이 학교 특색 프로그램 4

- 전국 독도 관련 대회 50회 이상 수상
  (독도동아리 '동해랑 독도랑 우리랑' 운영)
- 전국 독도체험관 오류 내용 수정 프로젝트 실시
- 독도 체험 캠페인 및 독도 사랑 생활화를 통한 독도 사랑 실천
- KBS 아침마당, 교통방송 달리는 라디오, 교육부 매거진에 출연

천체투영실 및 천문대 운영 특색 프로그램 5

- 미래 우주개발의 주역인 학생들에게 신비로운 우주를 느낄
  수 있는 관측 활동 제공
- 과학 교과와 연계하여 천문현상이 있을 시 모든 학생들이
  관측할 수 있도록 운영

학생주도 특색 프로그램 운영 특색 프로그램 6

- 학술제 YAS(Yeongseon Academic Seminar)
  배운 지식을 교실 밖으로 확장하여 학생들이 수업 중
  품었던 호기심을 해결하고, 그 탐구 내용을 친구들 앞에서 발표
- PAPAYA(Perfect Art Performance Amazing Yeongseon Activity)
  1년 동안 학생들이 갈고닦은 실력들을 발휘할 수 있는 자리로
  학생, 학부모, 교사가 함께 즐기는 학교 파파야 축제
- 작은 음악회
  악기 공연, 밴드 연주, 장기 자랑 등을 진행하여 학생들의 다양한
  끼를 발휘할 수 있는 예술의 마당

생태체험교육 특색 프로그램 7

- 학급별로 채소 10여 종의 작물을 직접 재배
- 자연에 대한 정서와 느낌을 공유함으로써 체험 교육 강화
- 환경 중요성 프로그램 및 실제적 실천

4 우리 학교의 자랑

 우리의 자랑 1
교육 가족이 함께하는 활동

- 교사·학생·학부모가 함께하는 지리산 등반
- 학부모회, 학부모 동아리 운영 & 다양한 학부모 교육 실시
- 학교 축제 먹거리 장터 운영
- YS카페, 차 테라피 체험 운영

 우리의 자랑 2
교과 지도에 프로페셔널한 선생님들

- 전북 미래학교를 통한 교실혁명
- 교과 및 동아리활동 사례 발표 출강
- 교과서 집필, 교과서 검정 활동
- 에듀테크 활용 공개수업 실시

 우리의 자랑 3
어서와! 한복 교복은 처음이지?

- 학생, 학부모, 교사들이 수차례 디자인 반영을 통해 한복 디자이너의 손길이 깃든 학교 맞춤형 한복 교복을 제작
- 전통문화를 보존하기 위해 몸소 실천하는 것 같아 뿌듯함을 느끼는 우리!

우리의 자랑4

소속감과 자부심
모두 최고인 학교 공동체

소소함

"이번 주는 어떤 재미있는 일이 있었을까?"로 시작되는 주말 식사 시간은 소소한 이야기지만 일주일간 밀렸던 대화가 이어지기에 우리 가족에게는 소중한 시간으로 자리잡고 있습니다. 영선중학교의 기숙사 생활로 인해 일주일간 떨어져 지낸 서로 서로의 얘기를 나누다 보면, 친구, 선생님, 간식, 공부, 동아리 활동 등등 두루두루 학교생활을 알 수 있게 됩니다. 그 중 가끔 제가 아이들을 부러워할 때가 있습니다. "빨리 학교 가고 싶다"는 말을 듣는 순간입니다. 이 한마디는 우리 아이가 하는 영선에 대한 최고의 평가라고 생각합니다. 어떤 회사의 직원이 '빨리 출근하고 싶다'고 할 정도면 그 회사는 좋은 회사가 분명하듯이 영선도 또한 그러하리라.

행복함

저는 일주일 중에 가장 행복한 시간이 아이들과 함께하는 식사 시간입니다. 첫 애부터 해서 둘째 애까지 영선과의 인연이 벌써 5년째입니다. 5년 동안 점점 더 행복해지고 있습니다. 아이들은 학교생활을 너무 만족합니다. "빨리 학교에 가고 싶다."는 말을 들으니 '너와 같은 학생이 되고 싶다.' '너와 같은 학생이 되어도 너희들처럼 잘할 수 있을지 장담은 못하겠지만, 그때로 돌아가 영선에서 공부한다면 어쩐지 잘할 수 있을 것 같다는 생각은 든다.'며 우쭐해 보인 적도 있습니다.

2학년 OOO 아버지

영선중학교에서의 3년을 저는 **'스스로 할 수 있는 힘을 키운 시간'**이었다고 말하고 싶습니다. 부모님 품을 떠나 낯선 곳에서 새로운 친구들과의 생활은 어쩌면 정말 힘든 일일지도 모릅니다. 하지만 함께 동고동락하며 보냈던 시간은 저에게는 잊을 수 없는 소중한 추억이 되었고, 자신의 꿈을 위해 열심히 달려가는 친구들의 모습은 제게 많은 배움을 주었습니다. 또한 규칙적인 생활 일과에 맞추어 효율적으로 시간을 관리하는 방법을 배웠습니다. 그리고 학생 주도로 진행되는 행사와 학생들의 자신의 생각을 표현할 수 있는 기회가 많이 있습니다. 이런 행사에서 내 힘으로 무언가를 해내는 경험은 그 어떤 곳에서도 느낄 수 없는 성취감을 주었습니다. 이런 영선중학교에서의 생활이 가끔은 힘이 들 수도 있습니다. 하지만 친구들과 함께하며, 그리고 학생들을 진심으로 생각하시는 선생님들의 도움으로 이겨낸다면 한 층 더 성장한 나의 모습을 볼 수 있을 것입니다.

3학년 노OO

영선중학교는 학생들의 꿈과 열정을 키워주는 배움의 터전으로, **학생 중심의 학습 환경과 여러 교육 프로그램을** 진행하고 있습니다. 특히 동아리 활동, 1인 1악기, 자기주도학습을 통해 다양한 경험을 할 수 있고 자신감, 협력심, 리더십을 기를 수 있었습니다. 이러한 활동에 참여할 수 있었던 덕에 장점을 발전시키고 어딜 가나 당당하고 활기찬 지금의 제가 있을 수 있는 것 같습니다. 이외에도 교내 대회를 비롯해 통계 대회, 통일 글짓기 대회 등 각종 교외 대회에도 참가해 스스로 성장시킬 수 있도록 도와주었습니다. 또한 영선중학교의 장점이자 특징, 친구들과 함께 기숙사 생활을 하면서 책임감을 키울 수 있었습니다. 그리고 학업, 수면 등의 생활을 스스로 하면서 시간 관리 능력을 기를 수 있었던 것 같습니다.

이와 같은 학교 활동 덕분에 멀리서 학교를 오는 타지 생활을 하고 있지만 그럼에도 불구하고 제가 학교를 다닌 시간이 아깝지 않을 정도로 의미 있는 학교생활을 하고 있다고 생각합니다.

학생회장 3학년 박OO

초등학교 시절 저는 제가 있는 곳에서 저 혼자만 잘하면 된다고 생각했던 우물 안 개구리였습니다. 그랬던 제가, 전국 각지에서 모인 친구들과 기숙사 생활을 하고 다양한 프로그램으로 공부하며 나 혼자가 아닌 '함께'라는 가치를 깨닫고 친구들과 어울려 성장해 나가는 방법을 배울 수 있게 되었습니다. '동아리' 활동을 통해 같은 뜻을 가지고 있는 학생들이 모여 자기 주도적으로 운영하고 활동하면서 리더십과 협동심을 기를 수 있었습니다. 또한 각종 체험학습 프로그램의 참여, 그리고 교내외를 비롯한 전국대회에 참가할 수 있는 기회와 더불어 이 모든 것들을 수행하는 과정은 제가 성장하는 데 큰 원동력이 되었음은 물론 제가 이루고자 하는 목표를 더욱 확실하게 세울 수 있었습니다. 이 밖에도 열정과 사랑으로 지도해주시는 선생님들 덕분에 특색 있는 다양한 수업을 접하면서 지식을 풍부하게 쌓고, 사고를 확장하여 더 넓게 보고, 듣고, 생각하는 힘도 기를 수 있게 되었습니다. 이처럼 영선중학교는 **제 삶의 방향성을 설정할 수 있도록 도와준 조력자이자, '우물 안 개구리'에서 탈출할 수 있게 해준 디딤돌과 같은 존재**입니다. 이제 곧 이렇게 자랑스러운 학교를 떠나야 한다는 생각에 너무나 슬프지만, 영선중학교를 선택한 것은 정말 탁월한 선택이었다고 자부합니다. '영선, 그 이상의 브랜드', 전 영선중학교에서 꿈꾸고, 성장했습니다.

3학년 조OO

전국에서 모인 친구들과 함께 생활하는 기숙사 운영

우리의 자랑 5

- 남, 여 기숙사 운영(4인 1실)
- 협력적 소통 능력, 갈등해결 능력 함양

■ 학생 일과표

시간(오전, 오후)	내용	시간(저녁)	내용
06:30 ~	기상	16:50 ~ 18:00	저녁식사 및 자유시간
07:00 ~ 08:10	아침식사 및 등교	18:00 ~ 21:30	방과후 학교 및 자기주도학습
08:20 ~ 16:40	정규수업	21:30 ~ 23:00	휴식 및 개인시간(이후 취침)

우리의 자랑 6

전국대회 수상 능력 뿜뿜

수상명	상격
2024 전북 독서 토론 한마당	우수상(3)
2024 청소년 인권 골든벨	1위(3)
2024 청소년 저작권 글짓기 대회	개인전 3위, 단체전 3위(3)
2024 철원컵 전국 유도대회	최우수상, 우수상, 장려상(2), 입상(2)
2024 전북특별자치도교육감배 유도대회	1위(4)
2024 한민족통일문화제전	통일부장관상
2024 전국학생통계활용대회	은상(3)
2024 독도사랑 글짓기 국제 대회	해양수산부장관상, 전북특별자치도지사상, 전북특별자치도교육감상
2024 전북 학생 시 페스티벌	대상(8), 최우수상(4), 우수상(5), 장려상(6)
2024 새만금 환경골든벨대회	대상, 최우수상, 우수상(3)
2024 전북특별자치도 청소년 모의유엔회의	국제협력진흥원장상(2)
2024 대한민국 학생발명전시회	동상
2024 전북 SW미래채움 SW·AI 챌린지	재능가득상(남원시장상)(3)
2023 한민족 통일 문화 제전	통일부장관상, 중앙의장상, 도지사상(4), 교육감상(7), 도의회의장상(6), 도협회장상(7)
2023 새만금 환경골든벨	환경부장관상, 전북지방환경청장상, 전북녹색환경지원센터장상
2023 전북 청소년 모의유엔회의	교육감상(2), 도지사상(2), 국제협력진흥원장상(2)
2023 독도사랑 글짓기 국제대회	교육감상, 도지사상
2023 한국 과학 창의력 대회	금상
2023 전북 교육가족 공모전	최우수상(1), 우수상(1), 장려상(4)
2023 전국 과학동아리활동 발표대회	은상
2023 전북 과학실험대회	동상(2), 장려상(2)
2023 대한민국 학생발명 전시회	동상

EDUTECH
수업사례

에듀테크 활용으로
학습경험을 혁신적으로 개선하다.

에듀테크(EduTech)는 교육과 기술의 융합으로, 현대 교육의 패러다임을 변화시키고 있습니다.
특히 과학 수업에서 에듀테크의 활용은 학생들의 학습 경험을 혁신적으로 개선하고 있습니다.
과학교육에서 에듀테크를 활용할 때 장단점과 앞으로 에듀테크를 활용한 수업에서 교사의 역할
에 대해 생각해 보고자 합니다.

과학교육에서 에듀테크를 활용할 때 장단점

먼저 장점으로는 MBL과 같은 실험 도구를 통해 실험 데이터를 실시간으로 수집하고 분석할 수
있어 학생들이 즉각적으로 학습하고 이해할 수 있습니다. 디지털 도구를 활용하여 복잡한 개념을
시각화할 수 있고, 학습자의 참여도를 높이고 흥미를 유발할 수 있습니다. 아울러 개개인의 학습
속도와 스타일에 맞춘 맞춤형 학습 또한 가능합니다.
단점으로는 과도한 기술 의존은 학생들이 기본적인 실험 기술을 습득하고 개념을 이해하는데 필
요한 시간이 줄어들 수 있습니다. 모든 학생들이 동일한 수준의 기술 접근성을 가지지 못하는 경
우도 생길 수 있으며 기술적인 오류나 장비 고장으로 인해 수업에 영향을 줄 수 있는 단점이 있기
도 합니다.

에듀테크를 활용한 수업에서 교사의 역할

에듀테크를 활용할 때 생길 수 있는 장단점에 대해 잘 파악을 하고 학생들 개개인의 성향에 맞추
어 활용할 수 있도록 계획을 해야 할 것입니다.
최신 에듀테크 도구와 플랫폼을 숙지하고 이를 수업에 적절히 이용하고 통합할 수 있는 능력을
갖출 수 있도록 노력해야 할 것입니다.
학생들이 에듀테크를 활용하여 학습할 때 필요한 수업 지도와 방법을 제공하고 기술적인 문제가
발생할 경우 해결할 수 있는 방안에 대해 숙지해야 할 것입니다.
온라인 협업 도구를 활용하여 팀 프로젝트 형태의 수업을 실시한 후 학생들에게 학습 활동에 대
한 평가와 적절한 피드백을 제공하여 학습 성과를 확인하고 개선할 수 있도록 노력해야 할 것입
니다.

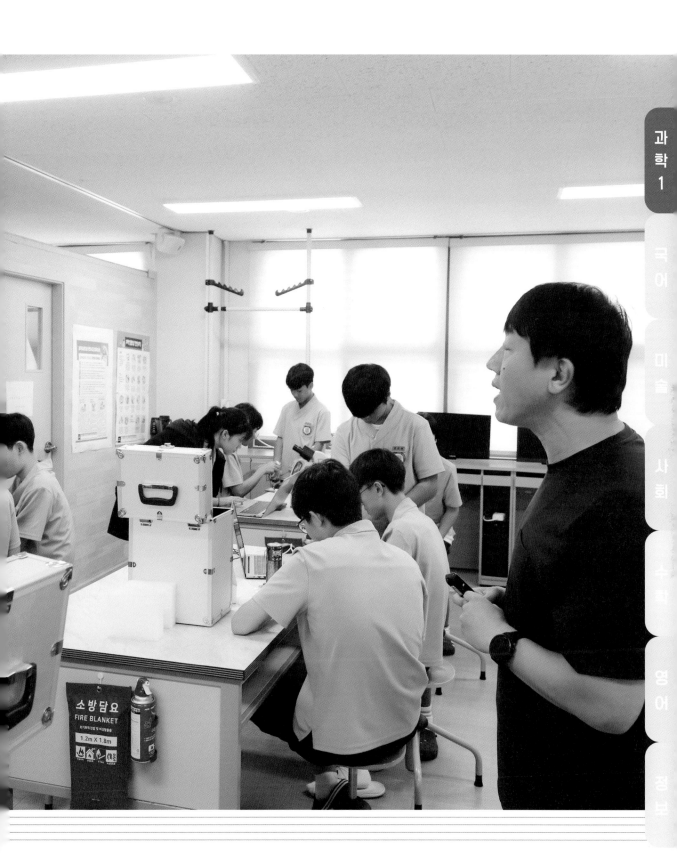

국어

미술

사회

수학

영어

정보

활용 에듀테크 도구

MBL (Microcomputer-Based Laboratory)

MBL은 컴퓨터와 센서를 활용하여 실험 데이터를 실시간으로 수집하고 분석하는 도구이다. 학생들은 과학실험을 보다 직관적이고 정확하게 수행할 수 있으며 아래와 같은 장점을 가지고 있다.

시각적 학습력 증대 | 수집한 데이터를 그래프로 시각화하여 학생들이 더 쉽게 이해할 수 있도록 도와준다.

실험의 정확도 상승 | MBL 실험 장치는 높은 정확도로 데이터를 수집하므로, 실험 결과의 신뢰성을 높일 수 있다.

학생들의 참여도 증가 | 학생들이 직접 장비를 다루고 데이터를 분석하는 과정에서 학습에 대한 흥미와 참여도가 높아진다.

여러 센서를 활용한 응용 실험 가능 | MBL을 통해 다양한 과학실험을 수행할 수 있으며, 이를 통해 학생들이 폭넓은 과학 지식을 습득할 수 있다.

실시간 데이터 수집 및 분석 | MBL을 사용하면 실험 중에 실시간으로 데이터를 수집하고 분석할 수 있어, 학생들이 즉각적으로 결과를 확인하고 이해할 수 있다.

퀴즈앤(QuizN)

활용 에듀테크 도구

Features
QuizN의 주요 기능

Very Easy
앱 설치 투자하면
손쉽게 퀴즈를 출제할 수 있습니다

No Log-in
퀴즈를 풀기 위해 별도의 회원가입,
로그인이 필요 없습니다
공유링크 또는 PIN 번호만 있으면 끝!

Community
관심있는 회원을 팔로우하여 사용게
통째로 ShowN에 대회 활동을 받을 수
있으며, 내 계정의 팔로워를 모아 퀴즈
만들존서가 될 수도 있습니다

Competition
Quiz Show에 참여한 참여자들이 실시간
랭킹 및 결과확인을 통해 다양한 재미와
흥입감을 느낄 수 있습니다

Dynamic games
생동감있는 효과음과 캐릭터가 적용되어
있어 즐거운 퀴즈 게임을 즐길 수
있습니다

Options & Upgrade
퀴즈쇼를 풍성하게 할 수 있는 다양한
음성(설명화면, 이미지 동영상 삽입 등)
설정이 가능하며, 문제마다 답
유형별(O.X에 대한 업그레이드가 지속될
예정입니다

퀴즈앤은 다양한 교육 및 학습 환경에서 활용할 수 있는 게임 기반 학습 플랫폼이다.
퀴즈앤을 통해 사용자는 퀴즈를 만들고, 공유하고, 실시간으로 실행할 수 있으며 아래와
같은 장점을 가지고 있다.

학생 참여도 증가 | 게임 기반 학습을 통해 학생들이 능동적으로 수업에 참여할 수 있도
록 도와준다.

다양한 학습 스타일 지원 | 시각적, 청각적, 상호작용적 요소를 포함하여 다양한 학습 스
타일을 지원한다.

즉각적인 피드백 제공 | 퀴즈 결과를 실시간으로 확인할 수 있어, 학생들이 자신의 이해도
를 즉시 파악할 수 있다.

경쟁을 통한 동기 부여 | 실시간 순위와 점수를 통해 학생들 간의 건강한 경쟁을 유도하
여 학습 동기를 높일 수 있다.

교사의 수업 준비 시간 절약 | 퀴즈앤의 간편한 퀴즈 생성 기능을 통해 교사들이 수업 준
비 시간을 절약할 수 있다.

주제	**5.2. 순환계를 이루는 심장과 혈관**		
과목	과학	**출판사**	비상
학년	2학년	**단원/차시**	5단원 동물과 에너지/6차시
성취기준	[9과12-03] 순환계의 구조와 기능을 이해하고, 혈액 순환 경로를 나타낼 수 있다. <탐구 활동> 혈액 관찰하기, 심전도 검사하기		
교수학습 활동 유형	■ 개념설명형(지식전달) □ 의사결정형(토의토론) ■ 문제해결형(탐구, 프로젝트) ■ 직·간접체험형(실험, 실기) ■ 놀이활동형		
형성평가 활동 유형	■ 의사소통형(협업, 의견수렴 등) ■ 학습확인형(퀴즈 등) ■ 포트폴리오형(프로젝트 등) ■ 실험실습형(실기 포함)		
활용도구	■ 노트북, 태블릿, 현미경, 혈액 프레파라트, MBL센서, 패들렛, 캔바, 퀴즈앤		
활용 콘텐츠	■ 영상, 이미지		
온·오프 연계 형태	■ 온라인으로 수업을 지속하는 경우(온라인→온라인) ■ 온라인 수업 후 학생이 등교하는 경우(온라인→오프라인) ■ 등교수업 후 온라인 수업을 하는 경우(오프라인→온라인) ■ 오프라인으로 수업을 지속하는 경우(오프라인→오프라인)		
기기환경	□ 교사 1기기(학생 기기 미활용) ■ 모둠형 기기(학생 모둠별 1기기) □ 학생 개인별 기기(학생 1인당 1기기) □ 기타		

공개
수업
지도안

김철강 교사

(해당 부분에 '■' 표시)

단계	수업 내용
<차시> 수업 안내	▶ 수업 내용 - 순환계를 구성하는 심장과 혈관의 구조와 특징을 설명할 수 있다. - 혈액을 관찰하여 혈액을 구성하는 성분의 특징과 혈액이 순환하는 경로를 설명할 수 있다. - 건강 검진 항목 중 심전도 검사에 대해 센서를 이용하여 다양한 상황에서 측정해 보고 우리 생활 속에 활용할 수 있음을 이해한다. ▶ 차시 수업 주의 사항 - 수업 내용을 기본적으로 정확하게 이해하고 모둠별로 탐구 활동에 활용할 수 있도록 MBL 사용법을 안내한다. - 현미경 관찰 탐구 활동 후 패들렛 링크에 제출할 수 있도록 확인시킨다.
도입	▶ 순환계를 이루는 심장과 혈관 단원 최종 복습 및 수업 탐구 활동을 위한 패들렛 사용 안내 - 학습목표 : 순환계를 이루는 심장과 혈관의 특징에 대해 알아보고 현미경을 통해 적혈구, 백혈구를 관찰해본다, 우리 생활 속에서 건강 검진에 사용되는 심전도 검사를 모둠별로 해보고 순환계의 중요성에 대해 이해한다. 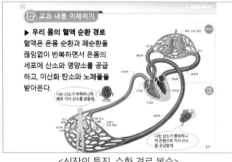 <심장의 특징, 순환 경로 복습>  <패들렛 링크 안내 >
전개 1 (실험실습 1)	▶ 모둠별로 현미경과 영구 프레파라트(혈액)을 이용하여 적혈구, 백혈구 관찰실시 ▶ 관찰 후 적혈구, 백혈구의 관찰 결과 사진으로 기록하기 ▶ 모둠별로 패들렛에 적혈구, 백혈구의 역할과 함께 사진을 게시하여 공유하기 (https://padlet.com/20teacher7/2-1-this5jpfjkxwl6tw/wish/j40PQDBd07XjWvXB) 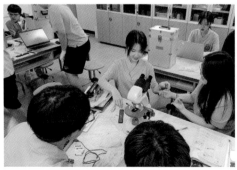 

▶ 모둠별로 심전도 센서를 이용하여 다양한 상황에서 심전도를 측정하여 비교해 본다.
(예시: 앉은 자세, 서 있는 자세, 스트레칭 후 자세, 스쿼트 자세, 카페인 함유 음료수 먹은 후 측정 등 모둠별로 다양한 상황을 만들고 측정할 수 있도록 안내)

▶ 모둠별로 패들렛에 심전도 결과 그래프 사진을 게시하여 공유하기
(https://padlet.com/20teacher7/2-1-this5jpfjkxwl6tw/wish/j40PQDBd07XjWvXB)

전개 2
(실험실습 2)

정리
(학습확인)

▶ 평가 문항 풀기
- 퀴즈앤에 접속(https://www.quizn.show/quz/show/makeShowForm.do?pageHash=1)하여 오늘 배운 내용 및 상식에 대해 정리한다.

▶ 차시 예고
- 호흡과 배설(호흡계의 구조)

적혈구 백혈구 관찰 결과 공유

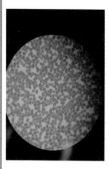

혈구 관찰 실험
적혈구, 백혈구를 관찰해보자!

혈구 – 골수에서 생성, 우리 몸을 순환하며 세포에 산소와 영양분을 공급하는 역할

적혈구 – 핵이 없고, 오목한 원반모양, 헤모글로빈이 포함되어 붉은색, 혈구의 대부분 차지

백혈구 – 모양이 일정X, 핵이 있고, 혈구 중 가장 크기가 크며, 수가 가장 적음

혈소판 – 모양이 일정X, 혈구 중 가장 크기가 작음

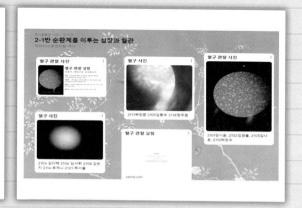

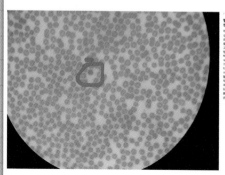

심전도 센서를 이용한 측정 결과 공유

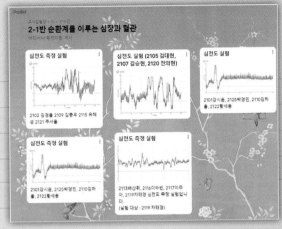

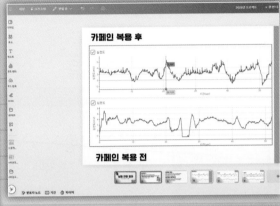

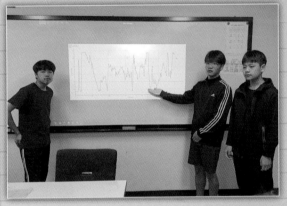

교사 인터뷰

김철강 교사

Q "순환계를 이루는 심장과 혈관" 수업은 어떻게 이루어졌나요?

A 2학년 동물과 에너지 단원을 학습하고 우리 몸의 순환계를 구성하고 있는 혈액에 대해 알아보기 위해 영구 프레파라트를 이용하여 적혈구를 관찰하였습니다. 또한 순환계 중 심장에 대해 학습한 부분을 응용하여 앞으로 시간이 지나면서 본인도 받게 될 건강 검진의 항목 중 심전도검사 부분을 이해하기 위해 MBL 심전도센서를 이용하여 모둠별로 측정을 해보고 간단하게 심장의 역할에 대해 잘 이해하고 기억할 수 있는 수업이 되도록 구성하여 수업을 실시하였습니다.

Q 수업에서 에듀테크 프로그램을 어떻게 접목시켰나요?

A 먼저 과학 과목은 시각화된 자료를 통해 학습하게 되면 이해하기가 쉽다고 생각하여 기존에 나와 있던 사진 대신 현미경을 이용하여 적혈구, 백혈구를 직접 촬영해 보도록 하였습니다. 촬영한 사진을 학생들이 공유하고 발표하기 편한 사용법을 가진 패들렛을 이용하여 게시 할 수 있게 하였습니다.

두 번째로 순환계 중 심장의 역할을 조금 더 잘 기억하고 심장이 잘 작동하는지 앞으로 학생들이 성인이 되어 건강 검진에 활용된다는 사실을 이해하기 위해 심전도를 확인해 보고자 하였습니다. 심전도의 정확한 데이터를 얻기 위하여 디지털 활용 도구인 MBL 무선 센서를 컴퓨터와 연결하여 측정하였습니다. 다양한 환경(카페인 음료 섭취, 운동 실시 후)에서 측정한 값을 공유하기 위해 이 역시 사용하기 편한 패들렛에 공유하였습니다. 마지막으로 학생들이 반드시 기억해야 할 기본 개념과 응용 부분을 학습하기 위해 형성평가를 종이로 학습하는 대신 게임 기반으로 개념도 학습하고 흥미를 유발하며 경쟁심 또한 키울 수 있는 퀴즈앤을 통하여 마무리 학습을 하였습니다.

Q 선생님이 가지고 있는 에듀테크를 활용한 앞으로의 과학 수업에 대한 생각은?

A 에듀테크는 과학 수업을 더욱 흥미롭고 효과적으로 만드는 데 중요한 역할을 할 것으로 생각됩니다. 첫째, 다양한 MBL 센서 등 다양한 디지털 도구와 플랫폼을 통해 학생들이 실험 결과를 실시간으로 확인하고 분석할 수 있어 학습의 즉각적인 피드백을 받을 수 있습니다. 둘째, 시각적 자료와 콘텐츠를 활용하여 복잡한 과학 개념을 쉽게 이해할 수 있도록 도움을 받을 수 있습니다. 셋째, 여러 학습 플랫폼을 통해 학생들의 참여도를 높이고, 학습에 대한 흥미를 유발할 수 있습니다. 넷째, 온라인 협업 도구를 통해 학생들이 팀 프로젝트를 효율적으로 수행할 수 있으며, 이는 협력과 소통 능력을 향상시키는 데 큰 도움이 될 것입니다. 마지막으로, 에듀테크는 교사들이 수업 준비 시간을 절약하고, 보다 창의적이고 혁신적인 수업을 설계할 수 있도록 지원하기 때문에 과학 수업의 질을 높이는 데 중요한 역할을 할 것이라고 생각합니다.

학생 인터뷰

2학년 차태경

Q 에듀테크 시스템이 수업에 어떠한 영향을 주었다고 생각하나요?

A 확실히 학생이 수업에 참여할 수 있는 기회가 늘어났으며 학생들이 더 새로운 것들을 경험할 수 있게 되었습니다. 퀴즈앤 프로그램이나 패들렛 프로그램은 발표에 서툴거나 소극적인 학생도 수업에 적극적으로 참여하고 자신의 의견을 밝힐 수 있도록 도와주었고 MBL 키트와 사이언스샵, 스텔라리움은 저희가 평소에 경험하기 어려운 실험들을 간단하게나마 체험할 수 있도록 해 주었습니다. 그래서 에듀테크 시스템은 보다 많은 학생에게, 보다 많은 기회를 제공했다고 생각합니다.

Q 에듀테크를 활용한 수업이 학생들과 교사에게 어떠한 영향을 미쳤다고 생각하나요?

A 학생들은 여러 프로그램과 기구들을 활용하여 더 수준 높고 질 좋은 교육과 체험을 받을 수 있으며 디지털 기기를 사용하는 것에 익숙해졌고, 선생님은 더 편리하게 학생들의 수업을 진행하고 이끌어 나갈 수 있게 되었다고 생각합니다.

Q 수업시간에 사용한 에듀테크 시스템에 대해 설명해 주세요.

A 저희는 주로 '퀴즈앤', '패들렛', '사이언스샵', '스텔라리움' 프로그램을 활용하였습니다. 퀴즈앤 프로그램은 많은 학생들이 골든벨 형식의 퀴즈 활동을 하면서 재미있게 개념을 복습하고 알아가기 위해 사용되었는데, 주로 전에 끝난 단원의 내용을 되새기는 수업 초반에 이용했습니다. 또한 패들렛은 학생들이 조를 짜서 실험 및 조사 결과를 제출할 때, 손쉽게 그림 파일과 글을 업로드할 수 있도록 이

용되었습니다. 그리고 사이언스샵은 저희가 평소에 경험하기 어려운 여러 기구들, 이를테면 심박수 측정기와 같은 기구를 간단하게나마 사용하고 이를 측정한 값을 컴퓨터에 저장하는 프로그램입니다. 또한 전자 온도계와 연동하여 미세한 온도 차를 나타내는 그래프도 자동으로 그려 주어 매우 편리하고 유용했습니다. 마지막으로 스텔라리움은 천체 학습에 매우 유리했는데, 직접 시간과 공간을 설정하여 천체들을 관측하고 분석할 수 있어서 저희의 이해도가 매우 높아졌으며 폭넓은 경험을 할 수 있었습니다.

Q 에듀테크 시스템이 앞으로 어떻게 발전해 나갈 것이라고 생각하나요?

A 에듀테크 시스템으로 말미암아 저희의 수업은 크게 발전하였고 더 질 좋은 교육을 제공할 수 있게 되었습니다. 앞으로 에듀테크 시스템은 접근성이 더욱 낮아져 편리하고 저렴하게 이용할 수 있도록 바뀌고, 훨씬 더 많은 경험을 할 수 있도록 발전할 것이라고 생각합니다.

Q 에듀테크 시스템의 어떠한 점이 가장 마음에 들었나요?

A 가장 좋았던 점은 역시 저희가 체험하기 어려운 것들을 간접적으로나마 체험하고 그로 인해 수업의 이해도와 흥미가 높아졌다는 점입니다. 사실 과학이라는 학문은 직접 관찰하고 실험하며 많은 것을 밝혀낸 것인데, 그중 많은 부분을 학생이 체험하지 못하고 그저 글로만 배워야 한다는 점이 큰 단점이었습니다. 하지만 에듀테크 시스템을 적극적으로 활용함으로써 그런 부분들을 채워나가고, 교육 효과를 높이고 학생의 흥미도 끌 수 있어서 그 부분이 정말 매력적이었습니다.

2학년 김나운

에듀테크 시스템은 여러 프로그램을 사용하여 수업을 참여한 경험이 적은 저에게 매우 큰 도움이 되었습니다. 영선중학교에 들어오기 전, 저는 책으로만 하는 수업을 위주로 경험했고 에듀테크 시스템을 사용하는 수업은 많이 접해보지 못했습니다. 이러한 수업 과정에서 저는 매번 수동적인 학생이었습니다. 그러나 영선중학교에 입학한 후 에듀테크 시스템을 접하게 된 저의 삶은 크게 바뀌었습니다. 어느새 저는 능동적인 학생이 되어있었습니다. 수업 시간에 흥미를 느끼고 열정적으로 참여하는 날이 나날이 늘어갔습니다. 이것은 바로 에듀테크 시스템을 활용한 수업 덕분입니다.

제가 능동적인 학생이 된 이유는 다음과 같습니다. 에듀테크 시스템은 학생들이 수업에 적극적으로 참여하도록 유도합니다. 전통적인 이론 수업은 교사가 일방적으로 학생을 가르치는 방식이지만, 에듀테크 시스템을 활용하면 교사와 학생 간의 상호작용이 가능해집니다. 예를 들어, '패들렛'이라는 프로그램이 있습니다. 패들렛은 학생들이 자유롭게 글을 남길 수 있는 프로그램입니다. 이 프로그램을 수업에 활용하면 학생들의 의견을 교사가 실시간으로 확인할 수 있어 더 적극적이고 참여적인 수업 환경을 조성할 수 있습니다. 이처럼 에듀테크 시스템은 이론 수업만으로는 부족했던 학생들의 능동적 참여를 끌어내는 데 큰 역할을 합니다.

또한 에듀테크 시스템은 저의 학습 이해력을 높여주었습니다. 여러 에듀테크 시스템 중 '스텔라리움'이라는 프로그램이 학습 이해력을 높이는 데 가장 도움 되었습니다. 스텔라리움은 실제 밤하늘을 가상으로 구현하여 별과 우주를 관측할 수 있는 프로그램으로, 별에 대한 이해를 돕습니다. 특히 저는 이 프로그램을 활용하여 개기 월식과 개기 일식을 찾아봤던 경험이 가장 기억에 남습니다. 실제로

보지 못한 천문 현상을 시간과 장소에 구애받지 않고 시간을 되돌려 간단하게 관측할 수 있어 유용했습니다. 또, 개인적으로 어려웠던 달의 위상 부분을 이해하는 데에도 큰 도움을 받았습니다. 저는 직접 프로그램을 실행시켜 하루마다 변하는 달의 위상을 확인하고 기록해 보았습니다. 에듀테크 시스템을 활용하니 더 쉽게 이해할 수 있었습니다. 이처럼 에듀테크 시스템은 학습했던 내용을 이해하는 데 큰 도움을 줍니다.

가장 극적인 효과를 얻었던 프로그램은 '퀴즈앤'입니다. 퀴즈앤은 학습 효과를 높이는 데 큰 도움이 되었습니다. 이 프로그램은 선생님이 수업한 내용을 바탕으로 문제를 내는 형식으로 진행되며, 다음과 같은 네 가지 주요 효과를 제공합니다. 첫째, 학생들의 흥미를 유도하여 수업에 적극적으로 참여하게 만듭니다. 문제를 빠르게 맞힐수록 점수를 높게 받을 수 있어 학생들의 승부욕을 자극합니다. 승부욕을 자극 받은 학생들은 더욱 열정적으로 수업에 참여하게 됩니다. 둘째, 기억력이 향상됩니다. 퀴즈를 통해 학습한 내용을 복습함으로써 그 내용을 장기 기억으로 전환하는 데 도움을 줍니다. 셋째, 피드백을 제공합니다. 퀴즈 결과를 통해 학생들은 자신의 이해도를 확인하고 보충해야 할 부분을 파악할 수 있습니다. 넷째, 협동 능력이 향상됩니다. 팀 단위로 진행되는 퀴즈는 학생들이 서로의 의견을 나누며 협력할 기회를 제공합니다. 이 과정에서 팀원들끼리 의견을 나누며 협동심을 기를 수 있습니다.

저의 중학교 시절 에듀테크를 사용한 경험은 미래의 학습에도 큰 도움이 될 것입니다. 저는 에듀테크란, 학습 도구를 넘어 학생들이 스스로 사고하고 성장할 수 있는 중요한 발판이라고 생각합니다. 많은 학생이 에듀테크 교육을 경험하여 능동적인 학생으로 성장했으면 좋겠습니다.

2학년 김하율

올해부터 저희 학교에서는 에듀테크 기반 수업이 새롭게 도입되었습니다.

교육(에듀케이션)과 기술(테크놀로지)을 결합한 에듀테크는 학습을 더 효과적이고 미래지향적으로 만들기 위한 방법으로, 국어, 수학을 포함한 여러 과목에 걸쳐 활용되고 있습니다. 처음에 과학을 에듀테크에 활용한다는 말을 들었을때에는 생소했습니다.

국어와 수학과 같은 수업 내용들은 어떻게 활용할지 감이라도 왔는데, 과학은 어떻게 연계지을지는 몰랐기 때문입니다. 그러나 이제부터 아래에서 나오는 말을 들으시게 되면 저와 같은 궁금증은 사라지실 겁니다.

먼저 과학 수업에서의 에듀테크는 Copilot 같은 챗봇형 AI를 통해 더욱 체감할 수 있었습니다. 선생님께서 실험 과제를 내주시면, 실험 과정에서 궁금한 점이 있을 때 선생님께 바로 물어보는 대신, Copilot을 통해 빠르게 필요한 정보를 찾고 추가 설명을 받을 수 있었습니다. 예를 들어, 황산구리와 질산칼륨을 혼합한 용액을 가열하고 냉각하여 질산칼륨 결정이 얼마나 석출되는지 측정하는 실험에서는 각 물질의 특성과 용도를 Copilot을 통해 검색할 수 있었고, 재결정 석출량을 계산하는 방법도 쉽게 배울 수 있었습니다. 예전과는 다르게, 필요한 계산식을 훨씬 빠르게 찾고 이해할 수 있어 학습이 더 쉽고 빠르게 이해할 수 있었습니다.

또 다른 에듀테크 활용 방식으로는 '퀴즈앤' 사이트에서 직접 문제를 만들어보는 활동이 있었습니다. 단원이 끝날 때마다 저희가 배운 내용을 퀴즈로 만들어보는 과정은 그동안 배워왔던 것들을 다시 공부하는 시간이 되어 유익했고, 이를 반 친구들과 공유하면서 서로의 학습을 점검할 수 있었습니다.

마지막으로 캔바를 사용한 발표물 제작이었습니다. 많은 사람들이 남에게 설명할 수 있을 만큼 공부하면 정말 잘 공부한 것이라고 말합니다. 저희 학교 학생들은 수업에서 배웠던 것들을 위에 있는 것 들과 결합시켜서 프레젠테이션을 만들고 선생님과 학생들 앞에서 발표하는 시간을 가졌습니다.

개인이 했던 적도, 조를 짜서 했던 적도 있지만 그때마다 했던 실험 결과 보고 발표, 지금까지 배웠던 내용발표를 하며 더 나은 공부를 할 수 있었던 것 같습니다.'

많은 사람들이 단지 에듀테크 라는 말만 듣고 그냥 수업 시간에 컴퓨터 꺼내서 노는 수업 아니야? 라고 생각할 수도 있겠지만 현재 약 2년간 에듀테크를 활용한 수업을 하는 저로써는 공부의 능률을 올리고 더욱 풍부하고 재미있는 수업을 만드는 대에는 에듀테크 수업만한게 없다고 생각합니다.

앞으로도 저희 학교뿐만 아니라 우리나라 모든 학교들이 다 에듀테크를 활용한 수업을 함으로써 좀 더 질 높은 공부를 할 수 있었으면 좋겠습니다. 감사합니다.

에듀테크를 활용한
탐구력 신장 및 자기주도 학습의 실현

최근 교육 경향은 디지털 전환으로 에듀테크의 중요성이 강조되며, 학습자의 개별적 필요를 지원하고 학습 효과를 극대화하는 도구로 주목받고 있습니다. 과학 수업에서도 에듀테크를 활용해 과학적 사고력과 탐구 능력을 심화하는 다양한 방법이 시도되고 있습니다. 2022 개정 과학과 교육과정은 창의적 문제 해결력과 과학적 소양을 목표로 탐구 중심 학습과 자기주도적 학습 강화를 중시하며, 이를 위한 에듀테크 활용 방안을 모색하고자 합니다.

과학과 교육과정의 목표

2022 개정 과학과 교육과정의 주요 목표는 학생들의 과학적 탐구 능력과 사고력, 창의적 문제 해결력을 키우는 데 있습니다. 이를 통해 자연 현상을 탐구하고 과학적 태도와 소양을 함양하며, 과학 개념을 실생활 문제 해결에 적용할 수 있는 역량을 갖추도록 돕습니다. 또한, 환경 보호, 생명 존중, 에너지 절약 등 사회적 문제를 과학적으로 대응할 수 있는 시민으로 성장하도록 하며, 학생들이 실생활 문제를 과학적으로 분석하고 해결하도록 유도하는 것이 핵심입니다.

에듀테크의 필요성

가. 개인 맞춤형 학습 지원 : 에듀테크는 학생들의 학습 수준, 속도, 흥미에 맞춘 개인화된 학습을 가능하게 합니다. AI 기술을 활용한 학습 분석 및 맞춤형 피드백을 통해 학생들이 자신의 학습 진행 상황을 파악하고, 개별적으로 부족한 부분을 보완할 수 있도록 돕습니다.

나. 탐구 중심 학습 촉진 : 과학은 탐구와 실험이 중요한 학문으로, 실제 실험 외에도 가상 실험, 시뮬레이션, 증강 현실(AR) 및 가상 현실(VR)과 같은 에듀테크 도구가 학생들이 다양한 실험과 탐구 활동을 경험하도록 지원합니다. 이러한 에듀테크 활용은 안전과 비용 문제로 인해 실제 실험이 제한될 수 있는 상황에서 대안으로 작용하며, 학생들이 과학적 개념을 실제로 체험하고 이해할 수 있도록 돕습니다.

다. 몰입형 학습 경험 제공 : 과학의 추상적 개념과 복잡한 현상을 시각적으로 표현하여 학생들이 쉽게 이해하고 몰입할 수 있도록 돕습니다. 예를 들어, VR을 통해 우주의 구조를 탐험하거나, AR로 세포의 구조를 눈앞에서 관찰할 수 있어, 학생들이 흥미와 동기 부여를 통해 깊이 있는 학습을 경험하게 됩니다.

라. 자기주도적 학습과 학습 동기 유발 : 디지털 학습 환경은 학생들이 스스로 학습을 계획하고 실행할 수 있도록 하여 자기주도적 학습을 촉진합니다. 또한, 게임화(gamification)와 같은 요소를 통해 학습 동기를 높이고, 학습에 대한 지속적인 흥미를 유지할 수 있게 합니다.

따라서 에듀테크는 과학교육이 목표로 하는 탐구 능력 함양과 과학적 사고력 증진을 지원하며, 학생들이 자기주도적이고 몰입된 학습 환경에서 과학을 효과적으로 이해하고 경험하도록 돕는 필수적인 도구로 자리 잡고 있습니다.

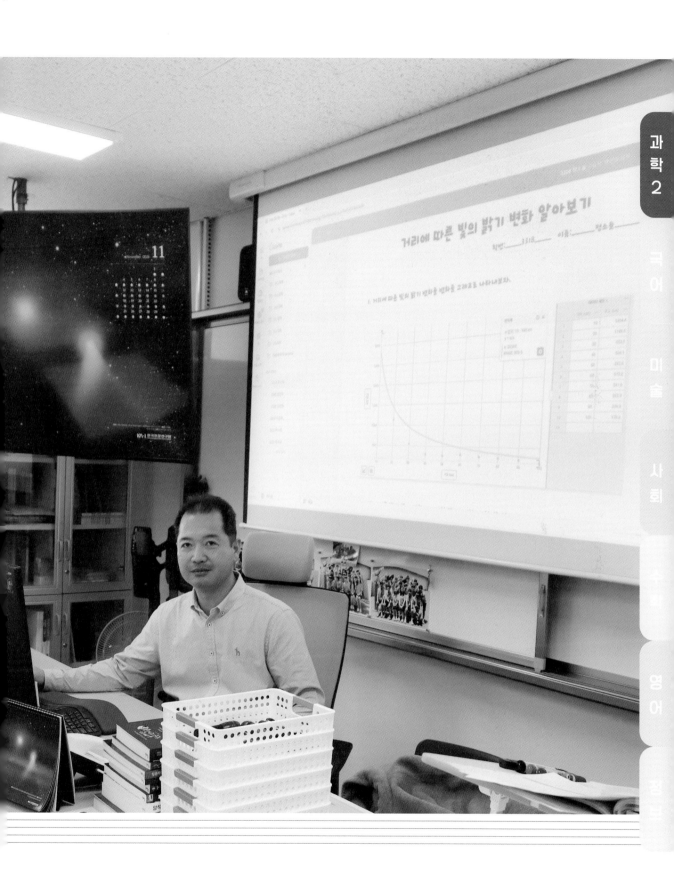

캔바

캔바는 팀 단위의 실시간 협업을 지원하여 여러 사용자가 같은 프로젝트를 동시에 편집하거나 댓글을 통해 소통할 수 있어 효율성을 높여줍니다. 디자인 완료 후에는 PDF, PNG, JPEG 등 다양한 파일 형식으로 내보내기가 가능하며, 인스타그램, 페이스북 등 SNS와 연동되어 간편하게 공유할 수 있습니다. 웹뿐만 아니라 iOS와 Android 앱도 제공되어, 어디서나 디자인을 수정하고 작업할 수 있는 유연성을 갖추고 있습니다.

캔바는 간단한 애니메이션과 동영상 편집 기능도 제공해, SNS에 적합한 짧은 영상 콘텐츠 제작에 유리합니다. 클라우드 기반으로 자동 저장되어 언제든지 디자인 작업을 이어갈 수 있으며, 다양한 튜토리얼과 학습자료를 통해 사용자에게 디자인 지식도 함께 제공합니다.

퀴즈앤

퀴즈앤(QuizN)은 학생들의 학습 참여와 흥미를 높이기 위해 다양한 인터랙티브 기능을 제공하는 에듀테크 플랫폼으로, 학습 활동의 몰입도를 높이면서 교육적 효과를 극대화하는 것을 목표로 합니다. 가장 큰 특징은 다양하고 창의적인 퀴즈 유형을 지원하는 점입니다. 선택형, OX형, 단답형, 순서 완성형, 초성퀴즈 등 총 10가지 이상의 퀴즈 형태를 통해 교사는 학습 내용에 맞는 방식으로 학생들의 이해도를 점검할 수 있습니다. 이를 통해 교사와 학생 간 상호작용을 강화하고, 학생들에게 흥미로운 방식으로 학습에 참여할 기회를 제공합니다.

또한 협업 보드 기능을 갖추고 있어 학습자들이 실시간으로 의견을 공유하고 협력할 수 있습니다. 이 협업 보드는 패들렛과 유사한 형식으로, 여러 학생이 동시에 담벼락 형식으로 의견을 제시할 수 있는 등 다양한 형태로 구성할 수 있습니다. 담벼락, 그룹, 방탈출, 챌린지 등 다양한 보드 유형을 활용해 학생들이 자유롭게 의견을 나누고 창의적인 해결책을 모색하도록 장려하며, 이는 협동 학습과 문제 해결력을 길러주는 데 큰 도움이 됩니다.

MBL과 Graphical Analysis

MBL(Microcomputer Based Laboratory)은 컴퓨터와 센서를 활용해 과학 실험 데이터를 실시간으로 수집·분석하는 시스템입니다. 다양한 센서(온도, 압력, pH 등)를 사용해 물리적 데이터를 측정하며, 이 데이터를 인터페이스를 통해 컴퓨터로 전달하여 소프트웨어가 실시간 분석 및 시각화를 제공합니다. 이를 통해 실험 결과를 즉각 확인하고 필요한 조정을 할 수 있어 실험의 정확도와 반복성을 높입니다.

또한, MBL은 온도, 가속도, 전류 등 여러 센서를 통해 물리학, 화학, 생물학 등 다양한 과학 분야에 활용할 수 있습니다. 이러한 과정은 학생들이 직접 데이터를 다루고 분석하도록 해 과학적 탐구 능력과 사고력을 향상에 도움을 줍니다. MBL은 교육적 활용성이 높아 과학적 개념을 직관적으로 이해하게 하며, 탐구 중심의 학습을 촉진하여 학습 효과를 극대화하는 중요한 교육 도구로 자리 잡고 있습니다.

< MBL 무선 조도 색도 센서>

<Graphical Analysis : 분석 프로그램>

멘티미터

<멘티미터 프레젠테이션 제작 모습>

멘티미터(Mentimeter)는 학생과의 실시간 상호작용을 강화하는 프레젠테이션 및 설문 도구입니다. 학생은 스마트폰이나 컴퓨터로 쉽게 접속해 교사가 설정한 질문에 참여할 수 있으며, 결과가 실시간으로 시각화되어 화면에 표시됩니다. 멘티미터는 객관식, 주관식, 워드 클라우드, 순위 매기기 등 다양한 질문 형식을 지원하여 교사와 학생 간의 소통을 풍성하게 만들어 줍니다. 웹 기반 플랫폼이므로 별도 설치 없이 코드 입력만으로 참여할 수 있어 편리합니다.

멘티미터는 수집된 데이터를 통계적으로 분석하고 피드백을 보고서 형식으로 정리할 수 있는 기능도 제공해 발표 후 학생의 반응을 분석하는 데 유용합니다.

**공개
수업
지도안**

박홍제 교사

주제	거리에 따른 빛의 밝기 변화 알아보기		
과목	과학	출판사	비유와 상징
학년	3학년	단원/차시	7.1.2. 밝기로 구하는 별까지의 거리 (3차시)
성취기준	[9과23-01] 별의 거리를 구하는 방법을 알고, 별의 표면 온도를 색으로 비교할 수 있다.		
교수학습 활동 유형	■ 개념설명형(지식전달) □ 의사결정형(토의토론) ■ 문제해결형(탐구, 프로젝트) ■ 직·간접체험형(실험, 실기) □ 놀이활동형		
형성평가 활동 유형	■ 의사소통형(협업, 의견수렴 등) ■ 학습확인형(퀴즈 등) □ 포트폴리오형(프로젝트 등) □ 실험실습형(실기 포함)		
활용도구	■ 버니어MBL 조도 센서, Graphical Analysis, 캔바, 퀴즈앤, 기타 실험 도구		
활용 콘텐츠	□ 영상, 이미지, 실시간 퀴즈		
온·오프 연계 형태	■ 온라인으로 수업을 지속하는 경우(온라인→온라인) ■ 온라인 수업 후 학생이 등교하는 경우(온라인→오프라인) ■ 등교수업 후 온라인 수업을 하는 경우(오프라인→온라인) ■ 오프라인으로 수업을 지속하는 경우(오프라인→오프라인)		
기기환경	□ 교사 1기기(학생 기기 미활용) ■ 모둠형 기기(학생 모둠별 1기기) ■ 학생 개인별 기기(학생 1인당 1기기): 크롬북 □ 기타		

(해당 부분에 '■' 표시)

단계	수업 내용
<3차시> 수업 안내	▶ 수업 내용 - 별의 밝기가 거리에 따라 어떻게 변하는지 이해하고 말할 수 있다. - 밝기 $\propto \dfrac{1}{r^2}$ 임을 유추할 수 있다. ▶ 수업 주의 사항 - 별의 밝기는 등급으로 나타냄을 설명하고, 별의 밝기와 거리의 관계를 이해하도록 지도한다. - 센서의 무선연결시 다른 모둠 센서가 연결되지 않게 주의한다.
도입	▶ 수업 준비 - 학생들은 Code를 이용하여 멘티미터 프레젠테이션에 접속한 후 대기한다. 
전개 1	▶ 전시학습 확인 - 연주시차를 이용하여 별까지의 거리를 구할 수 있음을 상기시킨다. - 간단한 퀴즈를 이용하여 복습을 한다.   <멘티미터를 활용한 전시학습 확인> ▶ 동기 유발 - 교사 질문 : 가로등의 밝기는 거리에 따라 왜 다르게 보일까? - 실제 밝기가 같은 가로등이 밝기가 다르게 보이는 까닭을 예상하게 한다.  - 손전등을 이용하여 관측자 거리가 변함에 따른 밝기 변화를 질문한다.

전개 2	▶ [탐구실험] (버니어 MBL을 활용한 거리에 따른 빛의 밝기 변화 실험
	- 크롬북과 MBL 센서를 연결 후 Graphical Analysis를 준비한다.
	- Graphical Analysis의 기본 설정값을 입력 후 확인한다.
	  (다른 모둠의 센서가 인식되지 않도록 주의)
	- 스탠드를 이용하여 센서를 설치한 후 모둠별로 실험을 시작한다.
	- 자료를 모둠원과 공유하면서 토의하여 보고서를 작성한다.

	 \<MBL 설치와 크롬북 무선 연결\>
	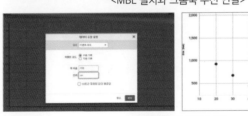 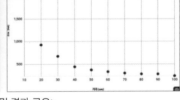
	 \<센서 설정 및 결과 공유\>
	
	▶ 탐구보고서 작성 및 토의, 발표
	- CANVA 활용 : https://www.canva.com/
	- 각 결과 그래프를 해석한 후 탐구보고서를
	  작성하고 모둠별로 발표한다.
	  모둠별로 구한 밝기와 거리와의 관계식이
	  옳은지 살펴본다. 

정리	▶ 학습 내용 정리하기 - 형성평가 : 퀴즈앤(https://quizn.show/)을 활용하여 형성 평가를 실시한다. - 자기평가 : 멘티미터(https://www.mentimeter.com/app/home)를 활용하여 본인의 이해정도를 판 단한다.   \<자기 평가서 응답 모습\>

모둠별 실험 결과 : MBL 측정 그래프

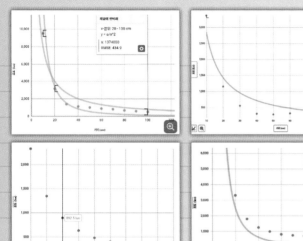

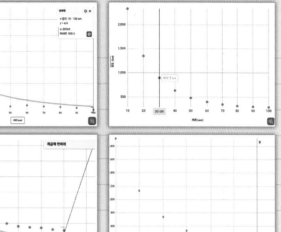

CANVA를 활용한 실험 보고서 제출

교사 인터뷰

박홍제 교사

Q 에듀테크 도구를 수업에 도입한 목적은 무엇인가요?
A 에듀테크 도구를 통해 학생들의 학습 몰입도를 높이고, 상호작용을 강화하며, 개별 학습을 촉진하기 위해 도입했습니다. 또한, 학생들이 디지털 기술을 활용하여 더 창의적이고 자기주도적으로 학습할 수 있도록 돕고자 합니다.

Q 에듀테크 도구를 활용한 실험 수업에서 학생들의 과학적 사고력 향상에 어떻게 기여할 수 있을까요?
A 에듀테크 도구는 실험 과정을 시각화하고 데이터를 실시간으로 제공하여 학생들이 추론하고 분석할 기회를 제공합니다. 예를 들어, 센서를 이용해 온도나 압력의 변화를 실시간으로 관찰하면 실험 결과에 대해 더 깊이 이해하게 되고, 데이터를 통해 과학적 원리를 직접 탐구하면서 분석력과 사고력이 함께 향상됩니다.

Q MBL 실험에서 데이터를 수집할 때, 학생들이 놓치기 쉬운 부분은 무엇인가요?
A 학생들이 데이터를 수집할 때 정확한 측정과 기록의 중요성을 놓칠 수 있습니다. 따라서 실험 전, 측정 도구의 정확한 사용법과 데이터 기록 방법을 설명하고, 데이터를 일정 간격으로 측정하여 정확한 추세를 파악하는 방법을 지도하는 것이 중요합니다.

Q MBL을 통해 얻은 데이터를 수업에서 어떻게 활용하면 좋을까요?
A 학생들이 수집한 데이터를 그래프나 차트로 시각화하여 분석하도록 하고, 그룹 토론을 통해 결과를 비교하고 해석하는 시간을 가질 수 있습니다. 이를 통해 과학적 사고력과 데이터 분석 능력을 기를 수 있습니다. 또한, 예상과 다른 결과가 나온 경우 원인을 추론하고 추가 실험을 계획하는 방식으로 탐구학습을 확장할 수 있습니다.

Q 앞으로 에듀테크 도구 활용을 확대하거나 변화시키고 싶은 부분이 있나요?
A 지속적으로 더 다양한 과학 학습 도구를 도입하여 학생 개개인의 이해 수준에 맞춘 학습 지원을 강화하고, 인공지능 기반 피드백 시스템을 통해 학생들에게 맞춤형 과학 학습 경험을 제공하고 싶습니다.

학생 인터뷰

3학년 **김건아**

Q 수업에 사용한 에듀테크 도구들을 사용하면서 어떤 점이 흥미로웠나요?

A 제가 에듀테크 도구를 사용하면서 가장 흥미로웠던 점은 원래 수업 시간엔 없어서 불편했던 부분들을 인터넷 기기를 통해 보완할 수 있었다는 점이었습니다. 예를 들자면 발표수업에서 친구들이 만든 발표 자료의 페이지가 넘어가면 그 전의 내용을 다시 듣기 어려워 수업이 끝난 후 따로 찾아보아야 했지만 인터넷 기기를 통해 친구의 발표 자료를 함께 확인하여 이전 내용을 확인할 수 있게 된 점 등이 있습니다.

Q 에듀테크 도구가 수업에 참여하는데 어떤 도움이 되었나요?

A 실험 시간이라고 생각합니다. 실험은 사소한 오류나 문제가 발생하면 결과가 달라지기에 에듀테크를 사용해 오류를 줄임으로써 결과의 정확성을 높일 수 있었고, 표를 그릴 때에도 자료를 입력하면 표를 그려주는 도구를 사용함으로써 시간을 아낄 수 있었기에 중요했습니다.

Q 에듀테크를 사용한 활동 중 가장 흥미로웠던 부분은 무엇이었나요?

A 표를 그려주는 도구였습니다. 아날로그 방식으로 표를 그릴 때에는 제대로 된 모양으로 그리기 힘들고 시간도 많이 소비되었으나 이 도구를 사용하는 경우 특정 공식과 자료를 입력한 후 명령을 내리면 스스로 표를 만들어 주고, 그다음 값을 예측해 주는 등 여러 도움이 많이 되었으며 수업 시간에도 이 도구를 여러 번 사용하였기에 저에게 큰 흥미를 가져다주었습니다.

Q 수업 중 사용한 에듀테크 도구의 기능이나 인터페이스는 사용하기 편리했나요? 더 직관적이었으면 좋겠다고 생각한 부분이 있나요?

A 대부분은 사용하기 편리하였지만, 도구의 설명에 번역이 제대로 되어있지 않아 영어 그대로이거나 알아듣기 힘든 내용들이 자주 등장하였고, 도구와 기기에 몇 가지 오류가 발생하기도 하였습니다. 먼저 번역이 잘 되어있지 않은 경우 본인이 직접 뜻을 하나하나 확인하거나 선생님께서 설명을 해주셔야 하는 등의 문제점이 발생하였고, 기기에 오류가 생기거나 고장 나는 상황이 자주 발생해 수업에 차질이 생긴 경험이 있었습니다.

Q 에듀테크 도구가 다른 학생들과의 협업이나 상호작용에 어떻게 도움이 되었나요?

A 에듀테크 도구는 다른 학생들과의 관계에 아주 긍정적인 영향을 미쳤습니다. 기기를 사용하며 잘 모르겠는 활용법과 내용을 옆자리 친구에게 질문함으로써 대화를 할 수 있었고, 자리가 멀리 떨어져 있어 대화하기 힘들었던 친구들과도 서로가 만든 자료를 살펴보며 의견을 나눌 수 있는 등의 이점이 있기 때문입니다.

Q 다양한 에듀테크 도구 중 더 배우고 싶은 도구나 기술이 있다면 무엇인가요? 그 이유는 무엇인가요?

A 더 배우고 싶은 기술로는 챗GPT, 뤼튼 등의 인공지능 챗봇입니다. 수업 시간과 수행평가 시간 등에서 여러 궁금한 내용들이 있다면 이러한 챗봇에게 자주 질문하는데, 아직은 사용법에 대해 자세히 알지 못하여 제대로 활용하지 못하고 있다고 생각하기에 이들에 대해 더욱 자세히 배우고 싶습니다.

3학년 정지우

Q 수업에 사용한 에듀테크 도구들을 사용하면서 어떤 점이 흥미로웠나요?
A 에듀테크 도구들을 사용하면서 '데이터 전달의 편리성'에 초점을 맞췄습니다. 실험 후의 결괏값인 이미지를 저장하여 보고서에 삽입하는 형식으로 보고서를 작성했는데 몇 번의 클릭만으로 완성할 수 있다는 점이 흥미로웠습니다. 종이 형식의 보고서였다면 보고서와 그래프 이미지를 인쇄해서 붙여야 하는 복잡한 과정을 지나야 했을 텐데 훨씬 시간을 줄인 것 같았습니다.

Q 에듀테크 도구가 수업에 참여하는데 어떤 도움이 되었나요?
A 기존의 수업 방식은 자료의 양이 많을 때 일일이 보관하고 관리해야 했는데 에듀테크 도구를 이용한 수업 방식은 자료를 간소화하여 조금 더 편리하게 수업에 참여할 수 있습니다. 또한 자료 공유를 통해 다른 학생들과의 의견 교환, 선생님과의 피드백을 나누며 공부할 수 있습니다.

Q 에듀테크를 사용한 활동 중 가장 흥미로웠던 부분은 무엇이었나요?
A 에듀테크의 '범용성'입니다. 이는 특정 환경이나 상황에 국한되어지지 않고 디지털 기기만 있다면 언제든 보고서를 작성할 수 있는 에듀테크의 매력적인 특징입니다. 이를 통해 보고서 과제를 가정이나 외부에서도 얼마든지 보고서 작성이 가능합니다.

Q 수업 중 사용한 에듀테크 도구의 기능이나 인터페이스는 사용하기 편리했나요? 더 직관적이었으면 좋겠다고 생각한 부분이 있나요?
답변 4: 지금의 에듀테크도 자료가 편리하게 공유되긴 하지만 앱의 분류가 다른 경우, 이미지를 따로 저장하여 삽입해야 하는 조금의 복잡한 과정을 거쳐야 합니다. 기기의 저장공간을 고려하고 불편을 해소하기 위해서 그러한 과정을 거치지 않고서 기재할 수 있었으면 더 좋겠습니다.

Q 에듀테크 도구가 다른 학생들과의 협업이나 상호작용에 어떻게 도움이 되었나요?
답변 5: 에듀테크를 사용하면서 '소통'이 편리하다는 흥미를 느꼈습니다. 실험 후 실험 결과를 모두에게 하나하나 공유하지 않아도 그 보고서 자체로 공유가 되어 좋았습니다. 모둠원들과의 소통도 더욱더 간편해져서 많은 아이디어를 나누기 편했습니다.

Q 다양한 에듀테크 도구 중 더 배우고 싶은 도구나 기술이 있다면 무엇인가요? 그 이유는 무엇인가요?
A 그래픽 앱에 대해서 더 공부하고 싶습니다. 아직 조도 센서 실험과 자유 낙하 실험에 관한 실험의 그래프만 작성할 수 있어서 더 많은 실험의 그래프들을 만들 수 있는 옵션들에 대해서 배우고 싶습니다. 세부적인 지식을 더 쌓아서 자세한 디테일의 그래프를 완성도 있게 만들고 싶은 마음입니다.

수업 후기

3학년 정소율

영선중학교는 에듀테크의 시범 학교로 선정되어 2년 동안 각 과목에서 에듀테크를 활용한 수업을 진행하고 있습니다. 그 중에서도 저의 학습 속도와 수준에 맞추어 진행되었던 과학 에듀테크 수업을 이야기해 볼까 합니다.

과학 수업 중 센서와 소프트웨어를 컴퓨터와 결합해 실시간으로 실험 데이터를 수집하고 이를 그래프로 시각화하여 바로 분석할 수 있었던 MBL 실험이 가장 기억에 남습니다. 이 실험에서는 Graphical Analysis라는 앱과 조도 센서를 활용해 별의 밝기와 거리의 관계를 살펴보았는데, 실험은 손전등을 별 대신 사용하고, 조도 센서를 통해 빛의 밝기를 측정하는 방식으로 진행되었습니다. 실험은 총 10번에 걸쳐 1미터를 10등분하여 각 구간에서 측정값을 얻었고, 이 데이터를 바탕으로 실시간으로 그래프를 작성했습니다.

Graphical Analysis 앱은 각 실험 결과를 점으로 나타내었으며, 오차를 줄이기 위해 각 값을 대푯값으로 이어 선을 그어 그래프를 표시해 주었습니다. 이를 통해 우리는 별의 밝기와 거리의 관계를 시각적으로 이해할 수 있었고, 결과적으로 밝기 = $1/R^2$ 이라는 공식을 도출할 수 있었습니다. 이러한 수업을 통해 평소 반짝반짝 빛나는 별이 오래전 빛을 낼 정도로 멀리 있다고만 막연하게 생각하고 있었던 저는 별의 밝기와 거리를 식으로 정확히 산출할 수 있다는 것을 확인할 수 있었습니다. 무엇보다 실험 속도가 다른 친구들도 있었는데 그때마다 선생님께서 저희들의 학습 상태나 속도를 실시간으로 확인하시면서 그때마다 수정될 내용을 알려주셨기 때문에 학생들이 스스로 실험을 통한 성과를 보여줄 수 있었습니다. 에듀테크 수업은 과제 제출도 편리하였습니다. 수업 종료 전 CANVA를 이용해 실험 보고서 제출을 하였고, 이는 예전처럼 직접 손으로 작성하여 과제를 제출해야 했던 번거로움에서 벗어날 수 있었습니다.

그리고 수업 내용을 정리하고 확인하기 위해 선생님께서 퀴즈앤이라는 앱을 활용하셨는데, 시간마다 배운 내용을 점검하는 퀴즈를 풀어보면서 수업 내용을 다시 한번 기억할 수 있었습니다. 특히 당일 배운 내용을 복습하는 것만이 아니라, 짧은 시간 내에 전 수업 시간의 내용을 복습하는 용도로도 사용하면서, 자연스럽게 기억을 되새기며 수업을 들을 수 있었습니다.

이렇게 에듀테크는 실험과 같은 특정 수업에만 적용되지 않고 수업 시작부터 끝까지 선생님과 학생이 함께할 수 있는 기회를 주어 학생들이 더 재미있게 수업에 참여하고, 더 쉽게 수업 내용을 이해할 수 있도록 하는 수업입니다. 물론, 에듀테크를 활용한다고 해서 모든 것이 완벽히 해결되는 것은 아닙니다. 이런 수업을 경험하지 못했던 처음에는 수업 참여에 어려움도 있었고, AI와 컴퓨터 기술이 처음에는 다소 복잡하게 느껴지기도 하였습니다. 하지만 선생님과 학생들이 서로 소통하며 수업을 진행하는 과정에서, 과목 내용뿐만 아니라 미래에 적용될 다양한 기술들을 함께 배운다는 점에서 큰 의미가 있었습니다.

결국, 에듀테크는 단순히 학습 도구를 넘어서, 기술을 활용하는 능력을 키울 수 있는 기회를 제공해 주었으며, 앞으로 우리가 다가갈 미래를 준비하는 중요한 과정임을 느꼈습니다. 무엇보다 에듀테크 수업을 통한 선생님의 피드백은 저에게 맞는 수업을 받을 수 있게 해주어 과목마다 나타날 수 있는 학습 속도의 차이를 줄일 수 있었습니다. 이렇게 효과적인 에듀테크 수업이 다른 학교에도 많이 도입되어서 우리 학교 학생들처럼 다른 학생들도 더 즐겁고 더 재미있게 학교 수업에 참여할 수 있었으면 좋겠습니다.

디지털 역량을 키우는 매체 활용 수업

2022 개정 교육과정에서는 학교 교육과 평생 학습의 기초로 언어 소양과 함께 디지털 소양 강화를 표방하였다. 국어과 교육과정에서도 다양한 매체 환경 아래 전개되는 국어 활동의 특징을 이해해 '디지털·미디어 역량'을 국어과 역량으로 설정하고, 국어과 교육 목표에 이를 반영하였다. 온·오프라인 연계 수업 및 디지털 도구를 적극적으로 활용하는 국어 수업에 중점을 두고, 디지털 소양 및 데이터 소양 향상 측면에서 유의미한 매체 활용 국어 수업을 전개하고자 한다.

학습자 개별 맞춤형 수업 지향

에듀테크 활용 교과 수업을 통해 학생들이 학습에 적극적으로 참여하는 기회를 확대하고, 개별 맞춤형 학습 요구를 충족시키고자 한다. 개별 맞춤형 온라인 콘텐츠를 활용해 학습자는 시간과 장소에 구애 없이 반복적으로 국어 학습이 가능하고, 교과의 새로운 지식이나 개념을 개별 수준에 맞게 접근할 수 있다. 또한 학습자가 다양한 디지털 기반 자료를 활용하여 학습하고자 하는 주제를 탐색할 수 있으며 학습 과정에 따라 필요한 학습 활동을 이어갈 수 있는 자기 주도적 학습 역량이 길러질 수 있다.

문제해결력을 키우는 깊이 있는 학습 활동 제공

미래 사회를 살아갈 학생들에게 필요한 것은 교과 지식의 암기보다 지식 활용 능력이다. 디지털 기기와 기술은 학생들의 주도적 학습을 도와줄 수 있다. 학습에 필요한 내용을 조사하고, 관찰 활동을 기록하며 그 기록을 모두가 함께 공유하며 전문가와도 쉽게 연결할 수 있다. 이런 과정을 통해 학생들은 학습의 의미와 목적을 깨닫고, 학습 과제 해결 방안을 스스로 설계해 직접 탐구하며 문제해결력을 키워나갈 수 있다.

의사소통 능력 및 협업 능력 향상

디지털 기반 수업은 다양한 온라인 플랫폼을 통해 학생들이 물리적 제약 없이 자유롭게 상호 작용할 수 있는 기회를 제공한다. 또한 교과 수업과 관련해 디지털 프로젝트나 협업 과제를 제공함으로써 학생들은 자신의 책임을 다하면서 팀의 목표를 위해 협력하는 법을 익히게 되고, 각 단계에서 의사소통을 통해 문제를 해결하고 피드백을 주고받을 수 있다. 이를 통해 학생들은 변화하는 현대 사회에서 요구되는 협업 및 의사소통 능력을 배양하고, 사회적 역량을 기를 수 있다.

교사의 역할

교사는 디지털 도구가 가진 기능과 속성, 역할을 충분히 인지하고, 활용하는 수업 전문성을 지녀야 한다. 교과 활동 내용에 적합한 도구를 선정, 준비하여 학생들에게 효과적으로 사용법을 안내하고, 학생들의 디지털 리터러시 역량을 강화하기 위해 디지털 자료의 출처를 확인하는 방법이나 신뢰할 수 있는 정보 선별 방법 등을 교육해야 한다. 이러한 역할을 통해 교사는 학생들이 디지털 환경에서 필요한 핵심역량을 기를 수 있게 할 수 있다.

창의, 성실, 협동

활용
에듀테크
도구

구글 클래스룸을 이용한 온라인 강의 개설

구글 클래스룸(Google Classroom)은 온라인 강의 및 학습 관리를 위한 플랫폼으로, 교사와 학생이 쉽게 소통하고 과제를 관리할 수 있는 유용한 도구이다. 교사가 새로운 수업을 개설해 학생들을 초대하고, 각 수업에는 다양한 자료(문서, PDF, 링크, 영상)를 공유하고 수업 일정을 관리한다. 공지 사항  을 통해 중요한 소식을 알리고, 학생들과 댓글을 통해 소통한다. 구글 클래스룸을 통한 온라인 강의 수업 개설 및 공유로 플립드 러닝을 효율적으로 수행할 수 있다.

띵커벨을 활용한 퀴즈 풀이

띵커벨은 실시간 퀴즈, 토의·토론이 가능한 학생 참여 수업 도구로, 학생들은 회원가입 없이도 교사가 공유한 방 번호를 입력하여 해당 활동에 참여할 수 있다. 선택형, 단답형, OX 등 다양한 유형의 퀴즈를 만들어 학생들의 수   업 이해 여부를 확인할 수 있고, 필요시 해설을 첨부하여 학생들에게 문제에 대한 오답 정리를 시각적으로 제공한다. 학생들의 동기 유발을 위해 실시간 랭킹과 점수를 공유하는 게임 형식으로 학생들의 집중력을 높일 수도 있다. 또한 토의·토론 활동에서 신호등, 가치 수직선, 찬성 반대, 띵킹 보드, P.M.I. 투표 등을 활용해 자신의 생각을 발표하고, 타인의 의견을 바로 확인할 수 있다. 온라인 강의 문학 작품 설명 내용을 띵커벨 퀴즈로 확인함으로써 학생들의 앎의 정도를 파악하고, 필요 추가 설명을 해설로 제시해 문학 작품 재구성 방법에 대한 이해도를 높였다.

ALLO 캔버스 기능을 통한 협업 과정 시각화 및 자료 공유

ALLO는 다양한 툴에 흩어진 데이터들을 모아 의미 있는 정보를 시각화하고, 실시간 협업부터 브레인 스토밍 등 협업 화이트 보드를 제공한다. 다목적 템플릿을 통해 주제별 하위 항목으로 과제 전체 목록을 확인할 수 있고, 캔버스 기능을 활용해 과제 시안, 디자인, 프로젝트의 수행 과정을 시각화하여 프로젝트의 흐름을 명확히 할 수 있다.

또한 작업의 진행 상태를 실시간으로 파악할 수 있어 모둠원 간 의사소통이 훨씬 수월해진다. 캔버스에서의 실시간 피드백 기능은 자료 수정과 공유의 반복을 효율적으로 관리할 수 있게 해준다. 모둠원들과 활발한 상호작용을 위해 여러 가지 재밌는 기능을 제공하는데, 상호작용 팝업이 호출되면 메시지, 이모티콘을 활용할 수도 있다. ALLO 템플릿으로 재구성한 시와 원작 시의 내용상 형식상의 차이점을 한눈에 알아보게 시각적으로 제시하고, 모둠원 간 상대 작품에 대한 작품 감상평을 남겨 피드백을 공유할 수 있다.

뤼튼(wrtn.ai)을 활용한 이미지 생성

뤼튼(Wrtn)은 AI 기반 글쓰기 지원 플랫폼으로, 사용자가 손쉽게 텍스트 콘텐츠를 생성할 수 있도록 한다. 다양한 주제와 목적에 맞춘 글쓰기 도구를 제공하며, 블로그 글, SNS 콘텐츠, 광고 카피, 이메일 작성 등 여러 용도로 활용할 수 있다. 사용자가 아이디어나 키워드만 입력하면 AI가 이에 맞는 글감을 생성하거나, 문장 구조와

흐름을 자연스럽게 이어주는 등 글쓰기 과정을 크게 단순화해준다. 텍스트 기반의 대화형 AI 프로그램을 활용해 무료 이미지를 생성할 수 있는데, 재구성한 시 텍스트를 입력하고, 시에 어울리는 이미지를 그릴 것을 명령하면 시의 주제 및 분위기에 상응하는 시화를 생성할 수 있다.

공개 수업 지도안 **박지영 교사**	**주제**	신경림, '동해바다'를 재구성하여 시를 창작하고, 온라인 문학관을 운영함으로써 공유, 작품 평 남기기			
	과목	국어	**출판사**	천재교육(박영목)	
	학년	1학년 (1-2교실, 본관2층)	**단원/차시**	문학과 성찰 4차시(총8차시)	
	성취기준	[9국05-10] 인간의 성장을 다룬 작품을 읽으며 삶을 성찰하는 태도를 지닌다. [9국05-09] 자신의 가치 있는 경험을 개성적인 발상과 표현으로 형상화한다. [9국05-08] 재구성된 작품을 원작과 비교하고, 변화 양상을 파악하며 감상한다.			
	교수학습 활동 유형	■ 개념설명형(지식전달) □ 의사결정형(토의토론) ■ 문제해결형(탐구, 프로젝트) ■ 직·간접체험형(실험, 실기) □ 놀이활동형			
	형성평가 활동 유형	■ 의사소통형(협업, 의견수렴 등) ■ 학습확인형(퀴즈 등) ■ 포트폴리오형(프로젝트 등) ■ 실험실습형(실기 포함)			
	활용도구	■ 구글 클래스룸, 띵커벨, ALLO, 뤼튼			
	활용 콘텐츠	■ 영상, 이미지, 퀴즈, 협업 프로젝트			
	온·오프 연계 형태	■ 온라인으로 수업을 지속하는 경우(온라인→온라인) ■ 온라인 수업 후 학생이 등교하는 경우(온라인→오프라인) ■ 등교수업 후 온라인 수업을 하는 경우(오프라인→온라인) ■ 오프라인으로 수업을 지속하는 경우(오프라인→오프라인)			
	기기환경	□ 교사 1기기(학생 기기 미활용) □ 모둠형 기기(학생 모둠별 1기기) ■ 학생 개인별 기기(학생 1인당 1기기) : 노트북 □ 기타			

(해당 부분에 '■' 표시)

단계	수업 내용

<table>
<tr><td rowspan="1"><5차시>
수업 안내</td><td>
▶ 수업 내용
- 신경림 시인의 시 '동해바다'를 감상하며 삶을 성찰하는 태도를 지닐 수 있다.
- 개성적인 발상과 표현을 활용해 시 '동해바다'를 재구성하여 시를 창작할 수 있다.
- 온라인 문학관을 통해 자신이 창작한 작품을 게시하고, 모둠별 감상평을 공유할 수 있다.

▶ 5차시 수업 주의 사항
- 원작의 내용을 이해하고, 다양한 재구성 창작 방법을 학습하기 위해
  '플립 러닝(온라인 선행학습 후 오프라인 활동 수업)'을 활용한다.
- 창작 활동에서 에듀테크 도구를 활용할 때,
  학생들이 주체적인 관점에서 개성적 발상과 표현을 문학 작품을 창작할 수 있도록 지도한다.
- 모둠별 작품을 공유할 때, 서로의 작품을 존중하는 동료 평가자가 될 수 있도록 지도한다.
</td></tr>
</table>

<table>
<tr><td rowspan="1">도입</td><td>
▶ 전시학습 확인
- 1차시 학습 '동해바다' 시 내용과 2차시 학습에서의 온라인 강의(구글 클래스룸 활용) 내용(문학 작품
  재구성하여 창작한 작품 사례인 김춘수, '꽃', 장정일, '라디오같이 사랑을 끄고 켤 수 있다면') 이해를
  퀴즈 프로그램을 통해 확인한다.

< 띵커벨 퀴즈 화면 1>

▶ 동기 유발
- 장정일 시인의 '라디오같이 사랑을 끄고 켤 수 있다면'이 김춘수 시인의 '꽃'을 재구성한 내용을 설명
  한다.
- 시를 재구성하여 다양한 주제와 내용의 문학 작품을 재창작할 수 있음을 알게 한다.

 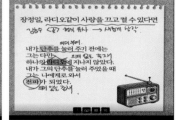

온라인 강의 내용(김춘수, '꽃')   온라인 강의 내용
                                 (장정일, '라디오같이 사랑을 끄고 켤 수
                                               있다면')

▶ 수업 흐름 안내
- 시 '동해바다'를 재구성하여 창작한 자신의 작품을 온라인 문학관에 게시하고, 모둠별 공유하는 활동
  을 할 것을 안내한다.
</td></tr>
</table>

▶ 재구성하여 창작한 자신의 작품 분석하기
- 시를 재구성하는 방법을 소개한다.
- 3차시 수업에서 자신이 창작한 시를 분석한다.
- 원작 '동해바다'를 차용한 부분과 새롭게 창작한 부분을 밝혀 정리한다.

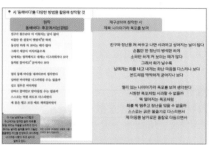

<3차시 수업 활동에서 학생들이   <교사가 만든 재구성한 시
'동해바다'를 재구성하여 시를 창작한 활동>   분석하는 예시 제시>

▶ ALLO를 활용한 온라인 문학관에 작품 게시하기
- 4~5명의 모둠을 편성한다.
- ALLO 프로그램에서 온라인 문학관 프로젝트를 생성해 해당 프로젝트 칸에 자신의 작품을 게시하도록 한다.
- 자신의 작품의 주제 및 재구성 및 창작 방법을 간략하게 정리한다.
- 주어진 시간에 제시된 과제를 완성할 수 있도록 안내한다.

전개 1

<ALLO를 활용한 온라인 문학관 생성>   <ALLO를 활용한 온라인 문학관 생성>

▶ 뤼튼(Wrtn)을 활용해 작품의 주제와 어울리는 시화 그리기
- 뤼튼(Wrtn)을 통해 AI 이미지를 생성할 수 있음을 안내한다.
- 자신이 창작한 시의 전문과 주제를 밝히고, 이와 어울리는 시화 이미지를 생성한다.

<ALLO를 활용한 온라인 문학관 생성>   <ALLO를 활용한 온라인 문학관 생성>

▶ 자신이 창작한 시 모둠원들과 공유하기
- 창작한 시의 내용, 주제, 재구성 및 창작 방법을 모둠원에게 발표한다.
- 게시한 시화가 작품의 주제 및 분위기와 대응되는지 밝힌다.
- 모둠원의 작품 발표를 경청하며, 작품의 내용을 이해한다.

전개 2

<온라인 문학관 작품 공유하기>

<모둠별 감상평 남기기>

▶ 감상평 나누기
- 개인별로 작품에 대한 감상평을 남기며 모둠원의 작품을 상호평가하게 한다.
- 모둠원이 발표한 작품을 이해하며 문학 작품을 재구성하여 창작하는 다양한 방법이 있음을 이해한다.
- 교사는 모둠원들의 온라인 문학관을 탐색하며, 진행 상황에 대해 피드백을 제공한다.

정리

▶ 학습 내용 정리하기
- 활동의 소감을 나눈다.
- 시 재구성 및 창작 방법을 정리하고, 자신의 삶에 가치 있는 경험을 다양한 방법으로 표현할 수 있음을 이해한다.

구글 클래스룸 온라인 강의 피드백

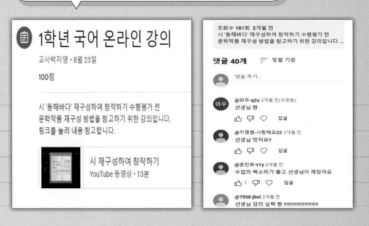

띵커벨 퀴즈 결과 및 피드백

■ 문제별

No.	유형	문제	정답률(%)
1	선택형	교과서에서 배운 신경림 시인의 시 '○○바다'에서 '○○'에 들어갈 알맞은 말은?	95.8
2	선택형	'동해바다'의 화자의 주된 태도로 가장 적절한 것은?	95.8
3	OX	시 '라디오같이 사랑을 끄고 켤 수 있다면'은 김춘수 시인의 시 '꽃'을 재구성하여 !	100
4	선택형	김춘수 시인의 '꽃'에 사용된 시어의 의미가 가장 다른 것은?	45.8
5	단답형	'( )'을 불러주는 것'은 존재의 본질을 인식하고, 대상에 의미를 부여하는 것이다	95.8
6	OX	'라디오같이 사랑을 끄고 켤 수 있다면'에서 사랑은 가볍고 일회적인 현대인의 사랑	91.7

김춘수 시인의 '꽃'에 사용된 시어의 의미가 가장 다른 것은?

해설 '몸짓'은 '이름을 불러주기 전'(존재의 인식, 의미를 부여하기 전)에 불과한 것으로 '의미 없는 존재이다'

ALLO를 활용한 온라인 문학관 운영

1) ALLO 템플릿을 활용한 시 재구성하기

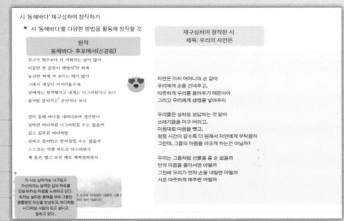

2) 뤼튼을 활용한 시화 만들기

3) 재구성한 시, 시화 이미지 게시

주제: 다른 사람을 모방하려는 생각만 하는 현대인들의 특징을 비판	창작시 게시

나는 누구를 도와주었는가
위험으로부터 구해주었는가
누군가에게 존재감이 큰
의미 있는 사람이었는가
아니면, 돋보다 작은
의미 없는 사람일 뿐이었는가

언제나 넓고 외로운 바다에서
항해하는 배의 친구가 되어준 등대처럼
안전한 길을 안내할 수는 없었을까
아무도 없을 때 혼자 남아서 기다릴 수는 없었을까
멀리서도 나를 알 수 있도록 밝은 빛이 될 수는 없었을까

매번 변하지 못하면서
누군가처럼 되고 싶다는 생각만 하며
정작 내 길을 찾아가지 못하는
길을 잃은 배처럼

재구성 및 창작 내용 분석

이 시는 '동해바다'와 같이 같은 문장 구조를 반복하여서 운율을 형성했다. 신경림 시인의 '동해바다'라는 시에서는 자신에게는 엄격하고 남에게는 너그러운 동해바다를 닮고 싶다고 하지만, 이 시는 제재가 '등대'이고, 화자는 존재감이 큰 등대를 보며 자신의 삶을 성찰하는 내용을 담았다. 또한, 3연에서는 스스로의 장점이나 변화에 대한 고민은 하지 않고 등대가 되고 싶다는 생각만 하는 화자의 되고 싶은 것은 많지만 별로 변할 생각을 하지는 않는 현대인들에 비유하여 비판하는 시이다.

주제: 몸무게를 향한 자신의 성찰	창작시 게시

몸무게를 보는 너에게 　　　 김한빛

네 몸무게는 줄어드는 날보다

늘어나는 날이 더 많다

1g이 내일이 되면 1kg이 되고

그 다음날에는 10kg이 될 것 같은 때가 많다

그런데 너는 어찌 자기자신에게는 너그럽지만

너의 몸무게에는 그렇게 엄격하게 하느냐

너는 그럴수록 힘들어질 수 밖에 없을 것이다

너의 미래를 내려다 보며 생각하라

어떻게 해야 행복해질 수 있을까

언제나 웃는 해바라기처럼

조금이나마 웃음을 되찾을 수 있을까

재구성 및 창작 내용 분석

동해 바다에서 나온 문장법을 다시 재구성하여 작성하였습니다. 그리고 남에게는 너그럽고 자신에게는 엄격하라고 하는 내용을 자기자신 에게는 너그럽지만 몸무게에는 엄격하다는 것으로 재구성 하였습니다. 이 시는 저의 경험담을 바탕으로 작성하면서 실 때문에 저장되는 분들은 모두 다 공감이 잘 갈것이고 생각이 듭니다.

4) 모둠원 간 작품평 공유

머 작품 작품평					
		'동해바다'라는 시와 같이 제재가 바다인데, 또다른 바다의 특징을 설명한 것이 인상 깊었고, 같은 단어를 반복해 운율을 형성한 것이 좋았다.	제재를 동해 바다 시와 같은 '바다'를 이용하였는데 읽어보니 시가 주는 의미가 색달라 새롭고 신기했다.	• 바다는 우리에게~ 라는 반복이 리듬을 형성해서 표현하려는게 느껴졌고, 바다를 사람으로 표현하는 것이 좋았다.	• 자신의 태도와 성찰하려는 태도가 잘 드러났던 것 같았고, 반복법을 사용하여 운율이 형성되었다는 점이 인상깊었다.
머 작품 품평	자신의 인생을 성찰하며 너그러운 어머니가 되고싶은 범준이의 느낌을 범준이가 시에서 잘 표현한 것 같다.	• 형제들이 공감할 만한 주제로 글을 써서 공감대를 형성했고, 평소 잘 생각해보지 못했던 시어인 "2층 침대"라는 시어를 사용해서 신선한 느낌이었다. 다만, 울처럼 잘아지고 굵어진다는 표현은 해당 시와 어울리지 않는 것 같아 조금 어색한 느낌은 있었다.		• 시에서 현실적으로 형제들이 공감할수 있도록 잘쓴것같다.		• 시에 현실적인 내용이 실감나게 느껴지고, 잘표현을 해주어서좋았고, 자신을 성찰하는 모습을 잘 표현하였고, 점층법을 잘 사용한듯 하다.

박지영 교사

Q 에듀테크 활용 수업에서 국어 개념 습득을 보강하기 위해 어떤 수업을 진행하고 계신가요?

A 저는 온라인 강의를 미리 제공하는 플립드 러닝 방식을 수행하고 있습니다. '플립드 러닝'이란 전통적인 수업 순서를 뒤집어 학생들이 온라인으로 강의를 사전에 학습하고, 교실에서는 토론이나 실습 등 심화된 학습 활동을 진행하는 수업입니다. 저는 이번 문학 작품 재구성하여 창작하기 활동의 이해를 높이기 위해 실제 시(김춘수, '꽃')를 재구성한 패러디 시(장정일, '라디오같이 사랑을 끄고 켤 수 있다면')의 내용을 담은 온라인 강의를 사전에 찍어 시를 설명하고, 이를 구글 클래스룸에 공유하여 학생들이 시공간적 제약 없이 반복적으로 강의를 들어 문학 작품 재구성하는 방법에 대해 심도 있게 이해할 수 있게 하였습니다. 그 결과 학생들이 문학 개념 습득 시간을 개별적으로 확보해 학습 내용을 스스로 이해하고 탐구하며 디지털 기반의 학습 참여 경험을 높일 수 있었습니다.

Q 학생들이 문학 작품을 창의적으로 창작할 수 있도록 어떤 디지털 도구를 활용하고 계신가요?

A 학생들이 문학 작품을 다양한 방식으로 창작하고, 공유할 수 있도록 템플릿을 활용해 온라인 문학관을 운영하였습니다. 학급별, 모둠별, 개인별로 제공한 템플릿으로, 각자가 시나 소설을 재구성하고, 자신의 해석을 온라인 문학관에 올려 학생들과 공유하게 합니다. 쌍방향적 소통이 가능한 인터넷 매체 특성을 활용해 학생이 다른 학생들의 작품을 감상하고, 댓글 등을 통해 작품평을 나누며 문학 작품 해석력을 높였습니다. 또한 학생들이 AI 도구를 활용하여 자신이 창작한 시의 분위기에 맞는 시화를 그리도록 하였습니다. AI 이미지 생성 프로그램을 통해 시의 정서를 시각화하여 텍스트의 의미를 표현하는 능력을 키울 수 있었습니다.

Q 문학 작품 재구성하기 외에 에듀테크 도구를 활용한 국어 수업을 기획한다면 어떤 것이 있을 까요?

A 화법 및 독서 영역에서 에듀테크 도구를 활용한 국어 수업을 기획할 수 있습니다. 음성 녹음 앱을 활용해 학생들이 문학 혹은 비문학 지문을 낭독하고, 발음을 교정하는 활동을 진행합니다. 녹음된 파일을 공유하고, 피드백을 주고받으며 국어의 음운적 특성을 이해할 수 있습니다. 또한 온라인 디베이트 플랫폼을 활용해 주제와 관련된 찬반 자료를 제공하고, 이를 바탕으로 학생들이 논증하고 토론하도록 합니다. 학생들은 디지털 자료가 제공하는 방대한 근거들을 분석해 선정하고, 논리적으로 자신의 입장을 펼쳐 비판적 읽기를 통한 사고력을 기를 수 있습니다.

Q 디지털 기반 수업에서 교사의 역할이 무엇이라 생각하시나요?

A 디지털 기반 수업에서는 교사가 학생들에게 수업 활동에 적절한 디지털 도구를 제공하고, 사용법을 안내해야 합니다. 그리고 무엇보다 디지털 환경에서 정보의 신뢰성을 판단하는 능력, 즉 미디어 리터러시를 함양하기 위한 국어 교사의 역할이 중요하다고 생각합니다. 학생들에게 저는 디지털 자료를 비판적으로 검토하는 방법과 신뢰할 수 있는 정보를 선별하는 법도 함께 지도하여, 디지털 환경 속에서 학생들이 비판적 사고를 기를 수 있도록 돕고 있습니다. 또한 정보의 생산자와 소비자로서 지켜야 할 윤리적 책임에 대해 교육합니다. 에듀테크 도구를 활용할 때, 정보를 올바르게 인용하는 방법과 출처 표시를 강조해 학생들이 주체적인 디지털 도구 활용 능력을 기르도록 합니다.

1학년 조연우

1학년 박승빈

Q 에듀테크 도구 활용 수업이 일반 수업과 다른 점이 무엇이라고 생각하나요?

A [조연우] 에듀테크 도구 활용 수업은 시간과 공간의 활용이 효율적입니다. 문학 작품 해설 강의를 온라인으로 집에서도 확인하며 제가 놓치거나 어려운 부분은 반복적으로 들어 이해할 수 있었습니다. 또한 일반적으로 종이 교과서나 유인물로 수업을 할 때는 자료를 공유하기도 어렵고, 수정하거나 쓸 때 시간이 많이 걸렸는데, 공유할 수 있는 프로그램을 이용하여 빠르게 다른 학생들의 작품들을 볼 수 있었고, 편리하였습니다.

Q 에듀테크 활용 수업에서 다른 학생들과의 협업 경험은 어땠나요?

A [조연우] 국어 과목 에듀테크 활용 수업에서 모둠원들과 함께 '동해바다 시 재구성하여 발표하기'를 했을 때 온라인 문학관이라는 공간 속 서로의 창작물을 확인하고, 재구성을 보완해야 할 점, 감명 받은 점 등 감상평을 공유할 수 있었습니다. 시를 창작하고, 공유하는 과정 속 디지털 기계를 잘 못 다루거나 프로그램에 익숙하지 않은 모둠 학생들을 도와주며 친구들과 협력할 수 있었습니다.

Q 에듀테크 활용 수업의 가장 큰 장점은 무엇인가요?

A [박승빈] 학생들이 한 공간에 같이 있는 것처럼 대화하고, 재밌고 쉽게 수업할 수 있다는 것이 가장 큰 장점인 것 같습니다. 퀴즈나 이미지 생성하기, 친구들과 함께 공유 등의 활동들을 하니, 그 수업 시간이 재미있어지고 이것을 통해 친구들과 소통할 수 있는 기회가 많아져 수업에 집중할 수 있었습니다.

Q 중학교에 처음 와 에듀테크 활용 수업을 했을 때 적응하기 어렵지는 않았나요?

A [박승빈] 저는 에듀테크 수업을 해보기 전에, 많은 디지털 기기들을 써보고, 다양한 디지털 매체들을 경험해 보았기에 비교적 수월했던 것 같습니다. 하지만 기기와 프로그램에 익숙한 저 또한 교과 특성에 맞게 새로운 프로그램을 활용하는 데 약간의 적응 기간이 필요했지만, 반복적 학습과 특히 에듀테크 활용 수업 시간 디지털 튜터 선생님의 도움이 있어 이제는 새로운 것을 알아가는 즐거움이 많습니다.

Q 앞으로 에듀테크를 활용한 국어 수업이 어떻게 발전했으면 좋겠나요?

A [박승빈] 학생마다 읽기 및 사고 능력이 다르기에 자신의 속도에 맞춰 학습할 수 있도록 지원했으면 좋겠습니다. 또한 문학, 문법, 읽기를 통합하거나 다양한 과목과 결합하여 국어 학습 능력을 기르는 활동이 에듀테크 도구를 기반으로 이루어졌으면 좋겠다고 생각합니다.

수업 후기

1학년 조연우

현대 사회는 기술이 빠르게 발전함에 따라 그에 맞는 시스템이 도입이 진행하고 있습니다. 학교 수업에도 많은 변화가 있습니다. 학생들은 종이 교과서와 연필 대신 디지털 기계를 이용하여 수업에 참여하고, 선생님들께선 전자칠판이나 디지털 매체를 이용한 수업이 진행됩니다. 그리고 모둠 과제의 경우에는 다 같이 현장에 모이지 않고, 가상의 공간에서 과제를 수행하여 편리함을 느낍니다. 그래서 시간을 단축하여 과제를 수행할 수 있습니다.

과거의 수업들은 선생님이 앞에서 가르치고 그 내용을 바탕으로 문제 풀이와 학습하는 것이 일상적인 수업이어서 국어 과목에 대한 흥미도가 낮았습니다. 그러나 에듀테크 수업을 통해 국어 과목에 다양한 활동을 할 수 있어서 적극적으로 수업에 참여할 수 있었습니다. 평소와 다른 학습 도구로 활용하여 수업에 참여하니 처음엔 낯설어 긴장도 되었지만, 새로운 것을 맞이한다고 하니 한편으로는 신기하고, 즐거웠습니다. 특히 생성형 인공지능인 뤼튼을 활용해 제가 원하는 시화 이미지를 얻고자 인공지능에게 만들고 싶은 이미지를 설명하면 표현을 해주었고, 원하는 이미지가 나오지 않을 경우, 자세히 설명할수록 원하는 이미지가 나와서 신기했습니다.

모둠원과 동해바다 재구성한 시를 공유하는 활동에서는 만약 각자의 종이에 작성하여 모둠원끼리 공유를 했다면, 수업 시간 내 활동 시간이 부족할 수 있고, 소통이 부족해 활동이 원활하게 진행이 안될 수 있습니다. 그렇지만

다 함께 참여할 수 있는 가상의 공간(ALLO)에 같은 화면을 보며 모둠원들의 시를 같이 감상하고 감상평을 작성하여 빠르게 작품 공유와 감상을 할 수 있었습니다. 그리고 감상을 다 마치고, 모둠원들의 재구성 시에 어울리는 공감 스티커를 이용하여 모둠원에게 재미와 친밀감을 형성할 수 있었습니다.

또한 온라인 강의와 퀴즈 프로그램을 이용한 문제 풀기를 통해 학습 효과를 얻었습니다. 집에서 이해가 될 때까지 강의를 복습하고, 학교에서 퀴즈를 풀어 보며 저의 국어 지식 이해도를 확인할 수 있었습니다. 특히 전자칠판 화면에 실시간으로 학생들이 문제 푸는 시간 및 정답률을 볼 수 있어 게임 형식과 같아 재밌었고, 시의 감상평을 적는 주관식의 경우 학생들이 작성한 답을 한눈에 볼 수 있어서 다양한 생각을 확인할 수 있었습니다.

저는 이 에듀테크 활용 수업이 저의 학습 영향에 큰 도움이 되었다고 생각합니다. 에듀테크 도구 활용을 통해 수업에 더 집중하려는 마음에 수업 참여도가 적극적으로 변화한 저의 모습을 볼 수 있었습니다. 에듀테크 기술이 학교 교실 수업에 활성화가 된다면, 학습에 소외감을 느끼지 않고, 적극적으로 참여할 수 있다고 생각합니다. 앞으로도 계속 인공지능이 발달함에 따라 더 다양한 프로그램을 통해 국어 등 과목에서 많은 활동을 수행하고 싶습니다.

디지털 기술을 활용한 미술교육의 확장

오늘날 교육 분야는 디지털 기술의 발전과 함께 학습자의 몰입과 창의력을 자극할 수 있는 새로운 방안을 모색하고 있다. 미술 교과와 에듀테크의 융합은 학생들에게 작품 제작과 감상의 의미를 더 깊이 경험하게 하며, 창의적 사고와 시각적 소통의 장을 열린다. 이번 수업에서는 메타버스 플랫폼을 활용해 학생들이 자신만의 전시장을 구축하고, 이를 통해 작품을 선보이는 과정을 경험하게 했다. 이 수업 결과는 미술과 에듀테크의 융합이 예술 표현과 감상에 어떤 긍정적 영향을 미치는지를 탐구한다.

에듀테크와 미술의 융합

에듀테크는 학습의 접근성과 참여를 높이고, 학생들이 보다 주도적으로 학습에 참여하도록 돕는 기술적 도구이다. 특히 미술 교과에서 에듀테크의 활용은 학생들이 물리적 공간의 제약을 넘어 다양한 방식으로 창작 활동에 몰입할 수 있도록 지원한다. 메타버스를 통해 학생들이 전시 공간을 가상으로 설계하고, 직접 작품을 배치하고 소개하며 가상의 관람객과 소통하는 활동을 진행했다. 메타버스에서 자신의 전시장을 설계하는 과정을 통해 학생들은 공간적 사고 능력을 기르고, 작품의 의미를 관람객에게 어떻게 전달할 지 고민하게 되었다. 이런 과정을 통해 미술 교육은 단순히 작품을 제작하는 데 그치지 않고, 작품을 통해 타인과 소통하며 감상 경험을 창출하는 과정으로 확장된다.

교육적 효과 및 성과

학생들의 창의적 사고와 디지털 활용 능력을 키우는 데 큰 도움이 되었다. 전시 공간을 설계하고 관람객과 소통하는 활동을 통해 학생들은 자신이 전달하고자 하는 메시지를 더 깊이 고민하게 되었고, 창작물에 대한 자부심을 느낄 기회가 되었다. 또한, 메타버스라는 가상 공간에서 자신만의 예술 세계를 표현하는 과정을 통해 디지털 리터러시가 함양되었다. 이는 단순한 미술 활동을 넘어, 디지털 시대의 표현 도구로 서 미술의 새로운 가능성을 제시하는 계기가 되었다.

디지털 기술을 활용한 미술교육의 확장 기대

이번 수업을 통해 미술 교육과 에듀테크가 융합되었을 때 어떤 교육적 효과가 나타나는지를 확인할 수 있었다. 메타버스를 활용한 미술 교육은 학생들에게 디지털 시대에 걸맞은 표현 능력을 길러주고, 예술을 통한 자기 표현과 타인과의 소통을 경험하게 한다. 앞으로 이러한 시도를 바탕으로 디지털 기술을 활용한 미술 교육의 확장을 기대한다.

**활용
에듀테크
도구**

구글 스프레드시트

구글 스프레드시트(Google Sheets)는 구글 워크스페이스(Google Workspace)에서 제공하는 온라인 스프레드시트 도구로, 엑셀과 비슷한 기능을 온라인에서 구현하면서도 여러 사용자와 실시간 협업이 가능하다는 점이 큰 장점이다. 구글 드라이브에 저장되어 있어 인터넷이 연결된 상태라면 언제 어디서나 접근할 수 있어 특히 원격 작업이나 협업이 중요한 환경에서 유용하다.

구글 스프레드시트는 실시간 협업 기능을 제공해 여러 사용자가 동시에 같은 문서를 열고 수정할 수 있다. 각 사용자가 작업하는 내용이 실시간으로 반영되고, 수정 권한을 조정해 문서를 공유할 수 있다. 이를 통해 팀원들이 같은 시트에서 데이터를 수정하거나 정보를 추가하는 작업을 동시에 진행할 수 있어 프로젝트 관리나 데이터 분석 시 효율적이다.

또한, 구글 스프레드시트는 작업 중인 문서를 자동으로 저장해주기 때문에 사용자가 직접 저장할 필요가 없다. 덕분에 데이터 손실 위험이 적으며, 만일의 경우에도 문서의 이전 버전을 복구할 수 있는 버전 관리 기능을 지원한다. 이 기능 덕분에 언제든 과거 버전으로 돌아갈 수 있어 작업을 안전하게 관리할 수 있다. 문서가 수정된 이력을 관리하는 기능도 제공된다. 언제, 누가 어떤 내용을 수정했는지 확인할 수 있으며, 필요 시 특정 시점의 문서 버전으로 복원할 수 있어 문서 관리에 용이하다. 여러 사람이 동시에 작업하는 경우 수정 사항을 쉽게 파악할 수 있는 기능이다.

이러한 기능들은 특히 비즈니스 환경에서 매우 유용하며, 실시간 협업과 데이터 분석을 동시에 할 수 있어 업무 효율을 크게 향상시킨다. 구글 스프레드시트는 클라우드 기반의 강력한 협업 도구로서, 언제 어디서나 접근할 수 있고 다양한 기능을 통해 협업과 데이터 처리를 더욱 편리하고 효율적으로 만들어준다.

메타버스 플랫폼 ZEP

ZEP은 한국에서 개발된 메타버스 플랫폼으로, 가상 공간에서 아바타를 통해 실시간으로 소통하고 협업할 수 있도록 만들어진 공간이다. 쉬운 인터페이스와 직관적인 사용자 경험 덕분에 교육, 업무, 이벤트 등 여러 분야에서 활용하기 좋으며, 특히 원격 수업이나 비대면 회의, 워크숍 등 다양한 목적에 맞게 사용할 수 있는 기능들이 잘 갖춰져 있다.

ZEP의 핵심 기능 중 하나는 사용자가 자유롭게 맞춤형 가상 공간을 구성할 수 있다는 점이다. ZEP은 2D 그래픽 기반으로 되어 있어 처음 사용하는 사람도 빠르게 적응할 수 있다. 사용자는 다양한 배경과 장식, 소품 등을 배치해 가상 공간을 구성하고, 각 목적에 맞는 교실, 회의실, 전시관 등을 만들 수 있다. 예를 들어, 교사는 ZEP를 활용해 온라인 교실을 꾸밀 수 있는데, 교실 내부에는 학습 자료를 배치하고, 학생들이 자유롭게 이동하며 상호작용할 수 있도록 할 수 있다. 이는 물리적 공간의 제약 없이 학습 자료에 접근하고 토론에 참여할 수 있게 해주며, 실시간 소통과 피드백을 가능하게 한다.
또한 실시간 보이스 채팅, 텍스트 채팅, 화면 공유 등 다양한 소통 도구들을 제공한다. 특히 아바타를 활용한 상호작용 방식은 사용자들이 더 자유롭게 대화에 참여하게 하며, 얼굴을 직접 보여주는 화상 회의와는 달리 아바타로 대화에 집중할 수 있게 한다. 이를 통해 사용자는 편안하게 소통하면서도 대화의 몰입감을 높일 수 있다. 또한, 텍스트 채팅과 메모 기능은 회의나 수업 도중 실시간으로 노트나 자료를 남길 수 있도록 돕는다.

ZEP은 교육과 협업을 강화하기 위한 기능들도 잘 갖추고 있다. 대표적인 기능 중 하나가 퀴즈 기능으로, 참여자들의 학습 이해도를 높이고 학습 효과를 극대화할 수 있도록 돕는다. 예를 들어, 수업 중간에 퀴즈를 통해 학생들이 집중력을 유지하도록 할 수 있으며, 이는 교육 현장에서 능동적인 학습 참여를 유도하는 데 유용하다. 기업에서도 워크숍이나 회의 중에 퀴즈를 사용해 아이디어를 공유하거나 팀 빌딩을 강화할 수 있다. 이 외에도 화면 공유, 파일 공유 등의 기능이 있어 실시간으로 자료를 확인하고 함께 작업할 수 있다.

공개 수업 지도안

김유라 교사

주제	ZEP을 활용하여 나만의 전시장 꾸미기		
과목	미술	출판사	미진사
학년	3	단원/차시	14단원/3차시
성취기준	[9미01-04] 미술과 다양한 분야의 융합 방안을 모색할 수 있다. [9미02-05] 표현 매체의 특징을 알고 다양한 표현 효과를 탐색할 수 있다. [9미03-02] 미술의 시대적, 지역적, 사회적 배경을 설명할 수 있다. [9미03-04] 미술 작품, 관람자, 전시 장소 등의 특징을 고려하여 다양한 방식의 전시를 기획할 수 있다.		
교수학습 활동 유형	□ 개념설명형(지식전달) □ 의사결정형(토의토론) ■ 문제해결형(탐구, 프로젝트) ■ 직·간접체험형(실험, 실기) ■ 놀이활동형		
형성평가 활동 유형	■ 의사소통형(협업, 의견수렴 등) □ 학습확인형(퀴즈 등) ■ 포트폴리오형(프로젝트 등) ■ 실험실습형(실기 포함)		
활용도구	■ ZEP, 구글 워크스페이스		
활용 콘텐츠	■ 영상, 이미지, 메타버스, 미니게임		
온·오프 연계 형태	■ 온라인으로 수업을 지속하는 경우(온라인→온라인) ■ 온라인 수업 후 학생이 등교하는 경우(온라인→오프라인) ■ 등교수업 후 온라인 수업을 하는 경우(오프라인→온라인) ■ 오프라인으로 수업을 지속하는 경우(오프라인→오프라인)		
기기환경	□ 교사 1기기(학생 기기 미활용) □ 모둠형 기기(학생 모둠별 1기기) ■ 학생 개인별 기기(학생 1인당 1기기) : 노트북 □ 기타		

(해당 부분에 '■' 표시)

단계	수업 내용
<차시> 수업 안내	▶ 학습 목표 - 서양 미술의 변천 과정과 시대적, 지역적, 사회적 배경을 이해할 수 있다. - 자신이 만든 메타버스 전시장을 소개하고, 학우들과의 상호작용을 통해 　작품과 주제에 대한 이해를 심화할 수 있다. ▶ 3차시 수업 주의 사항 - ZEP와 같은 메타버스 플랫폼을 사용하는 데 익숙하지 않은 학생들이 있을 수 있으므로 　기본 사용법을 충분히 설명하고, 필요한 경우 개별적으로 도움을 제공해야 한다. - 전시관 발표와 함께 서로의 작업을 감상하고, 피드백을 주고받는 시간을 충분히 갖도록 한다. 　평가 기준을 명확히 제시하고, 수업 후 개별적인 피드백을 제공합니다.
도입	▶ 전시학습 확인 - 학생들의 발표 전 본인이 제작한 전시장의 주제가 연대표의 어디에 속해있는지 확인하며 　서양 미술사에 대해서 다시 한 번 상기시킨다.  <서양 미술사 연대표>
전개	▶ 발표 순서 안내 - 발표할 학생은 자신의 전시장을 ZEP 화면을 공유하거나, 전시장 링크를 제공해 다른 학생들이 함께 　입장할 수 있도록 한다. <스프레드시트로 전시장 링크 공유>

과학 국어 미술 사회 수학 영어 정보

▶ 전시장 발표 및 소개

전개

<학생 예시작(1)>

<학생 예시작(2)>

- 각 학생이 자신의 메타버스 전시장을 소개하고, 전시장에 포함된 주요 작품, 작가 정보, 그리고 전시관의 기획 의도에 대해 설명한다.
- 학생들이 발표자의 전시장을 직접 방문하고 체험한다. 전시장 내에서 자유롭게 작품을 감상하며, 각 전시장의 주제와 구성을 비교한다.
- 교사는 학생들이 활발히 탐색하고 서로 의견을 나눌 수 있도록 격려하며, 필요한 경우 탐색 활동을 돕는다.
- 교사는 발표와 체험 활동에 대한 전반적인 피드백을 제공할 수 있도록 한다. 발표 내용, 전시장의 구성, 상호작용에 대한 평가를 간략히 하며, 잘한 점과 개선할 점을 공유한다.

▶ 피드백 및 감상 나누기
- 전시장 체험이 끝난 후, 학생들은 각자 인상 깊었던 전시장이나 작품에 대해 짧게 이야기하는 시간을 갖는다.

정리

▶ 수업 정리
- 수업 목표가 달성되었는지 확인하며, 이번 수업에서 느낀 점이나 배운 점을 간단히 정리하도록 하고, 학생들이 자신의 전시장 제작 경험을 돌아보며 학습 성취감을 느낄 수 있도록 도와준다.
- 사용한 전자기기는 전원을 끄고 제자리에 가져다 둘 수 있도록 한다.

A학생 결과물(전체적인 맵 환경)

B학생 결과물(전체적인 맵 환경)

2-1. B학생 결과물(작가 설명 및 작품 설명)

2-2. B학생 결과물(미니게임 입구 및 퀴즈 화면)

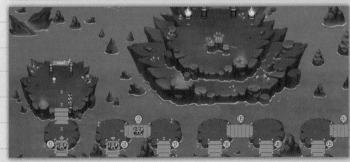

C학생 결과물(전체적인 맵 환경)

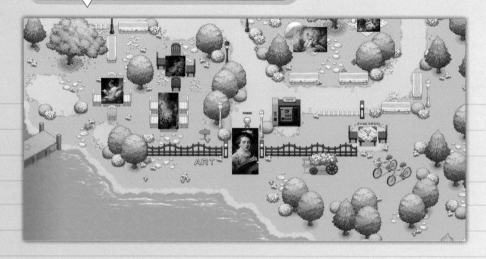

3-1. C학생 결과물(작품 설명)

교사 인터뷰

김유라 교사

Q 이 수업을 기획하게 된 계기와 영감은 무엇이었나요? 에듀테크와 미술의 융합에 어떤 가능성을 보셨나요?

A 우연히 SNS에서 본 광고를 통해, 평소 고민하던 미술사 수업을 에듀테크와 연계하면 학생들이 더욱 쉽게 접하고 기억에 오래 남을 수 있을 것 같다는 생각이 들었습니다. 에듀 테크와 융합함으로써 단순한 실기 위주의 수업을 넘어, 학생들이 더 많은 정보를 접하고 그 속에서 자신에게 필요한 부분을 선택적으로 활용하면서 사고의 폭을 확장할 수 있을 것이라 생각했습니다.

Q 메타버스를 통해 전시장을 만드는 활동이 학생들에게 어떻게 반응했나요? 처음엔 낯 설어하거나 어려워하지 않았나요?

A 처음 시도하는 활동이라 초반에는 저뿐만 아니라 학생들도 다소 어려움을 겪었지만, 수업 전에 충분히 익힐 시간을 주고 함께 튜토리얼을 체험하는 등의 과정을 거친 후, 곧 활동에 잘 적응할 수 있었습니다. 이후에는 학생들의 몰입도가 매우 높아졌고, 웃음이 가 득한 즐거운 수업 분위기로 변화했습니다.

Q 수업 과정에서 예상했던 것과 달랐던 점이나, 특별히 기억에 남는 학생들의 작품이나 반응이 있었다면 소개해 주세요.

A 초반의 개별적으로 맵을 꾸미는 과정에서 교사의 역할이 생각보다 더 중요하다는 것 을 깨달았습니다. 처음이라 오브젝트 배치, 영상 연결, 사진과 동선 입력 등의 부분에서 어려움을 겪었고, 그 부분을 개별적으로 도와줘야 할 필요가 많았습니다. 나중에는 먼저 익힌 학생들이 다른 학생들을 도와주는 방식으로 수업이 진행되었습니다. 특히 기억에 남는 작품은 미니게임을 잘 활용한 학생들의 작품이었습니다. 학급의 학생들이 전부 동 시 접속하여 게임 형식으로 함께 해결하는 과정이 인기가 높았고, 학생들이 재미있게 참 여할 수 있는 요소로 작용한 것 같습니다.

Q 이 수업을 준비하거나 진행할 때 특히 주의해야 할 부분이 있나요? 혹은 비슷한 수업을 계획하는 교사에게 주고 싶은 조언이 있다면요?

A 앞서 언급한 내용과 관련이 있는 부분은, 교사가 사용하는 에듀테크 도구에 대해 충분히 이해하고 있어야 한다는 점입니다. 학생들이 생각보다 교사의 도움을 많이 필요로 하며, 이에 따라 교사는 지속적으로 피드백을 주고받아야 합니다. 따라서 사용하는 도구에 숙달되어 있으면 수업을 더욱 원활하게 진행할 수 있습니다. 최근에는 에듀테크를 활용한 수업을 지원하는 보조교사가 학교 현장에 투입되고 있으니, 필요한 경우 도움을 요청하면 수업을 더욱 풍부하게 진행할 수 있을 것이라 생각합니다.

Q 앞으로 에듀테크를 활용한 미술 교육의 확장 가능성에 대해 어떻게 생각하시나요? 다른 분야와의 융합에도 가능성이 있다고 보시나요?

A 에듀테크를 활용한 미술 교육의 확장 가능성은 매우 크다고 생각합니다. 디지털 공간은 물리적 제약을 넘어서 창작의 자유를 극대화 할 수 있는 기회를 제공합니다. 학생들은 언제 어디서든 작품을 구상하고 전시할 수 있으며, 자신만의 공간을 구축하는 과정에서 창의적 사고와 문제 해결 능력을 키울 수 있습니다. 기존에도 미술 교과는 정말 다양한 분야와 거대한 융합 가능성을 둔 과목입니다. 더욱 다양하게 효과적으로 사용한다면 미술 교육은 전통적인 예술 교육을 넘어 학생들의 다각적인 사고와 창의적 역량을 키울 수 있는 교육으로 자리할 것 같습니다.

3학년 김도헌

Q 메타버스를 활용한 전시 수업을 처음 듣고 어떤 생각이 들었나요? 기대와 우려가 있었다면 어떤 것이었나요?

A 저는 메타버스를 활용한 전시 수업을 한다는 말을 듣고 더 재미있는 수업을 할 수 있을 것이라는 흥미가 생겼었던 것 같습니다. 전에는 메타버스를 제대로 체험했던 적이 없었기도 했고, 평소 메타버스는 어떤 곳일지 궁금했기 때문입니다. 그리고 어떤 메타버스 앱을 활용해 어떤 전시를 할지, 어디까지 표현할 수 있을지에 대해서도 궁금증이 생겼습니다. 또한 생소한 개념이었던 메타버스를 활용한 수업이기에 기대와 우려가 동시에 들었던 것 같습니다. 전에는 겪어보지 못한 새로운 방식으로 수업을 할 수 있을 것이고 현실의 한계에서 벗어나 상상을 자유롭게 표현해 더 창의적인 전시를 해 볼 수 있을 것이라는 기대감과 아직은 낯선 분야이기 때문에 맵을 꾸미거나 오브젝트를 배치할 때와 같은 상황에 어려움을 겪을 수 있다는 것이었습니다.

Q 자신만의 전시장을 설계하고 작품을 배치하는 과정에서 가장 재미있거나 도전적이었던 부분은 무엇이었나요?

A 저만의 전시장을 만들고 작품을 배치하는 과정에서 직접 친구들이 어떻게 볼지를 고려해 오브젝트나 사진을 곳곳에 배치하거나 맵을 꾸몄고, 미술 수업 시간과 주말에 순간이동 기능을 배치하는 등의 조작 방법을 익히며 수업에 열중했습니다. 그 이유는 내가 직접 어디에서도 볼 수 없는 나만의 작품을 만드는 것이라 느꼈기에 평소보다 더 도전적으로 임할 수 있었기 때문입니다. 그리고 가장 재미를 느꼈던 부분은 맵을 꾸미는 부분이었습니다. 상상하는 대로 창작할 수 있는 메타버스이기에 현실 세계의 미술관의 한계에서 벗어나 곳곳에 퀴즈와 팝업창 등을 배치하고 배경과 어울리는 분위기의 배경 음악을 삽입하고 혼자가 아닌 친구들 여럿과 할 수 있는 o, x 문제와 같은 미니게임을 할 수 있었다는 것이 가장 인상 깊고 흥미로웠습니다.

Q 전시장을 만든 후, 친구들에게 작품을 소개하는 경험은 어땠나요? 그 과정에서 느낀 감정이나 생각은 무엇이었나요?

A 어떻게 어떤 형식으로 진행을 해야 할지를 사전에 미리 고민해 보며 조금 긴장하고 떨리기도 하였습니다. 그러나 발표를 진행하며 소개하고 있는 미술가와 작품들, 그리고 열심히 꾸민 맵에 대해 친구들이 좋은 반응을 보이고 재미있어하는 모습에 긴장이 풀려 발표를 사전에 계획한 대로 잘 진행할 수 있었습니다. 그 과정에서 "내가 열심히 만든 전시장을 친구들이 좋게 봐주고 또 즐겨주고 있구나!"라는 생각이 들어 자신감이 생겼습니다. 또한 친구들이 마지막에 낸 문제들을 풀고 잘 맞추어 주었기에 "친구들이 내 발표를 집중해서 들어주었구나!"라는 생각이 들며 뿌듯함을 느낄 수 있었습니다.

Q 이 수업을 통해 예술에 대한 생각이나 접근 방식이 어떻게 변화했나요? 특히 창의력이나 표현력에 어떤 영향을 받았다고 느끼나요?

A 저는 원래 예술은 딱딱하고 조용한 분위기를 가지고 진중히 관람해야 하는 조금 차가운 분위기를 가진 분야라고 생각하고 있었습니다. 그러나 이 수업을 진행하며 그 생각을 바꿀 수 있었습니다. 나의 상상대로 전시장을 창작할

수 있었고 현실에서 하기 어려운 퀴즈 등을 배치하고 배경음악도 삽입하여 조금 더 가벼운 분위기에서 작품을 관람하게 할 수 있었기 때문입니다. 더 이상 예술은 딱딱하고 차가운 것이 아닌 나의 상상을 자유롭게 표현하고 조금 더 가벼운 분위기에서 관람할 수 있다는 새로운 생각이 자리 잡게 되었습니다. 창의력과 표현력 부분에서도 많은 변화가 생겼습니다. 현실에서 하기 힘든 다른 전시장으로의 순간이동을 통해 한 작품에 더 자세히 알아볼 수 있게 하는 것 등을 상상하고 그런 나의 상상을 자유롭게 실현하고 표현할 수 있었기에 더 다양한 생각을 해 볼 수 있었고 그 과정에서 창의력과 표현력이 상승하는 도움을 받았습니다.

Q 메타버스에서 다른 학생들의 전시를 관람하며 느낀 점이나 배운 점은 무엇이었나요? 어떤 작품이 가장 인상 깊었나요?
A 다른 학생들의 전시를 관람하며 저는 저뿐만이 아니라 친구들 또한 전시장 창작 수업에 열중하고 재미있게 전시장을 만들었다는 것이 느껴졌습니다. 그 이유는 작품들 하나하나에 친구들의 개성이 잘 드러나 있었고, 전시장을 만든 친구들의 노력이 묻어나왔기 때문입니다. 또한 친구들이 소개하려는 예술가와 작품들에 대해 딱딱한 수업 형식이 아닌 가벼운 분위기에서 학습을 하여 더 잘 알 수 있었습니다. 가장 인상 깊었던 작품은 김경현 학생의 작품이었습니다. 먼저, 척 클로스라는 예술가와 어울리는 전시장 배경을 선택하고 자유롭게 둘러볼 수 있게 하였기 때문입니다. 또한 마지막에 퀴즈를 낼 때도 친구들이 재미있게 즐길 수 있는 달리기 맵에서 진행하였기에 가장 인상깊은 발표로 남을 수 있었습니다.

Q 앞으로도 메타버스를 활용한 미술 수업이 더 있기를 바라는지, 바란다면 어떤 형태의 수업을 원하나요?
A 저는 앞으로도 메타버스를 활용한 미술 수업이 더 있었으면 좋겠다고 생각했습니다. 왜냐하면 친구들의 발표에 더 집중할 수 있었고 친구들이 설명해준 내용도 더 인상 깊게 기억에 남을 수 있었기 때문입니다. 제가 원하는 메타버스를 활용한 미술 수업은 여러 형태가 있지만, 그중 예시를 몇 가지 들어보자면, 먼저 내가 그린 그림과 그림의 의미 등을 소개하는 발표 형식의 수업이 있습니다. 또한, 미술의 역사를 소개하는 수업에서 팀별로 각자 팀마다 맡은 역사를 실제 장소와 역사를 배경으로 한 역할극을 진행할 수 있습니다. 발표 형식의 수업에만 머무르지 않고 자신의 특징 등을 담은 자화상을 메타버스의 캐릭터를 꾸미는 활동도 할 수 있을 것입니다.

수업 후기

3학년 김경현

저는 에듀테크를 활용한 미술 수업에 참여하였습니다. 에듀테크, 책을 주로 사용해서 공부하던 저에게는 새로운 방식의 수업이었습니다. 에듀테크를 처음 시작할 때는 교육 프로그램들을 배우고 프로그램들을 통해 학습하는 것이 다소 어려웠던 것이 사실입니다. 하지만 선생님들과 함께 수업하며 에듀테크의 편리함과 정보의 다양성을 직접 느낄 수 있었습니다.

이번에 진행한 미술 수업에서는 메타버스 프로그램 ZEP을 활용하여 '나만의 미술관 만들기'를 하였습니다. 미술관 큐레이터가 되어 전시회를 기획하고 친구들에게 소개하는 활동을 하였습니다. 전시회의 주제를 정하고 주제에 맞는 화가를 선택하는 것부터 작품을 소개하는 것까지 모든 과정에 있어 에듀테크를 활용하여 진행한 것이 큰 도움이 되었습니다.

처음에 화가를 선택하고 그 화가에 대한 정보를 교과서에서 찾아보았습니다. 하지만 교과서에 있는 설명만으로 전시회를 구체적으로 기획하는 것은 한계가 있었습니다. 교과서의 정보를 디지털 기기를 이용해 찾은 정보로 보충하니 더 많은 정보를 알 수 있었고, 화가의 작품 스타일, 기법을 이해하는 데에도 큰 도움이 되었습니다. 또한 ZEP의 다양한 맵을 사용해서 미술관을 제작하니 기존의 형식적인 미술관의 틀에서 벗어나 새로운 나만의 장소에서 전시회를 개최할 수 있었습니다.

저는 '숲 속 비밀의 집'이라는 맵을 사용해서 미술관을 제작하였습니다. 이 맵은 제가 평소에 방문했던 미술관의 형태와는 사뭇 달랐습니다. 이 층 가정집의 형태를 한 맵이었습니다. 미술관을 방문하는 사람들이 작품을 편한 공간에서 오래도록 볼 수 있게 하고 싶어서 이 맵을 선택하게 되었습니다. 막상 집의 기본적인 틀만 있는 맵을 미술관으로 만들려고 하니 막막하기도 했지만 작품 놓을 곳을 직접 정하고 집의 오브젝트들을 배치하다 보니 어느새 막막함보다 즐거움과 창의력이 샘솟았습니다. 스스로 작품의 배치 순서를 정하고 동선을 생각한 후 머릿속으로 구상한 미술관을 구현하였습니다. 생각대로 되지 않는 부분을 만들 때에는 어떻게 해야 최대한 비슷하게 만들 수 있을지 계속 생각하였고, 다양한 포털, 프라이빗 영역 등을 이용하여 구현했습니다. 또한 새로운 기능을 알아갈 때마다 이를 이용해서 미술관을 어떻게 꾸밀 수 있을지 생각하였습니다. 친구들과 의견을 공유하며 제 의견을 풍부하게 만들었고 창의적인 발상을 한 친구에게 칭찬을 하기도 하였습니다. 이렇게 하나하나 완성해 갈 때마다 뿌듯한 마음이 들었습니다.

미술관을 만들며 친구마다 어려운 부분도 제각각이었습니다. 이에 서로 부족한 부분들을 알려주고 도와주며 미술관을 완성해 나갔습니다. 수업에 참여한 다른 친구들도 운동장, 교실 등의 다양한 맵을 사용해서 창의적인 미술관을 제작하여 제작자, 관람자 모두가 즐거운 수업이 되었습니다. 또한 미술관을 만들며 화가의 그림을 jpg 파일로 쉽게 미술관에 넣을 수 있어서 사진을 인쇄해서 오리는 번거로움 없이 효율적으로 미술관을 제작할 수 있었습니다. 또한 화가와 작품에 대한 영상을 추가하여 미술관에 대한 이해를 도울 수 있었고, 맵 구석구석에 숨겨진 영상들을 찾아보는 재미도 있었습니다. 기억에 남는 작품은 '레오나르도 다빈치' 미술관입니다. 이 미술관에서는 퀴즈를 맞혀야 작품을 감상할 수 있었습니다. 이를 통해 레오나르도 다빈치의 특징, 생애를 검색하며 지식을 습득할 수 있었습니다. 또한 작품마다 포털을 설치하여 작품만의 새로운 공간에서 자세한 설명과 이야기를 볼 수 있었습니다. 마지막으로 퀴즈를 통해 관람했던 작품을 다시 기억할 수 있었던 점도 좋았습니다.

이번 수업을 하며 가장 기억에 남는 것은 친구들과 서로의 미술관에 방문해서 관람한 것입니다. ZEP에서 제 캐릭터를 만들고 친구들의 미술관에 링크를 통해 들어갈 수 있었습니다. 친구들의 미술관을 둘러보며 작품들에 대한 정보를 알 수 있었고, 채팅을 통해 서로 질의응답을 하며 의견을 주고받았습니다. 또한 미니게임과 여러 추가 앱들을 사용해서 미술관을 더 풍부하게 만들었습니다. 저는 'ZEP QUIZ'를 이용하여 제가 소개한 작품과 화가에 대한 퀴즈맵을 만들었습니다. OX 퀴즈부터 주관식, 객관식 퀴즈들을 직접 만들며 화가와 작품에 대해 다시 이해할 수 있었습니다. 또한 친구들에게 어떤 문제를 내야 제 미술관을 자세히 관람할지 고민하였습니다. 제 미술관에 방문한 친구들도 퀴즈를 맞히기 위해 작품의 설명을 더 자세히 살펴보았고, 화가의 기법, 특징 등을 기억하였습니다.

메타버스 ZEP을 활용한 수업을 하며 미술이라는 과목에 대한 생각이 바뀌었습니다. 미술은 화가와 그림에 대해 알아보고 미술 작품을 만드는 수업이라고 인식하고 있었습니다. 하지만 이번 수업을 통해 책과 도화지 위가 아니더라도 미술을 메타버스처럼 다양한 형태로 배울 수 있다는 것을 알게 되어 새로웠습니다. 정해진 도안 없이 미술관을 제작하며 작품을 다양하게 배치해 보고 여러 가지 동선을 구상해 보았습니다. 이 활동을 통해 꼭 한 가지 방법이 아니더라도 여러 방법으로 작품을 제작할 수 있다는 것을 알게 되었습니다. 이번에 배운 다양하게 생각하기를 통해 앞으로 있을 다른 수업도 다양하게 생각하고 여러 방법을 이용해 해결할 수 있다고 생각합니다. 앞으로 메타버스와 같은 다양한 에듀테크 프로그램을 활용해 수업을 진행하였으면 좋겠습니다. 이번 수업과 같이 다양한 프로그램을 활용해 수업을 진행하면 직접 프로그램을 이용한 활동을 하며 더 많은 것들을 배울 수 있다고 생각합니다.

에듀테크를 통해 비로소 완전해지는 사회 교육

사회? 어렵고 불필요한 과목 아닌가요?

제가 학생들을 가르치면서 가장 많이 들었던 질문입니다. 사실 사회라는 과목은 '우리 사회에 대한 교육' 혹은 '사회에서 살아가는 데에 필요한 교육'이라고 해석할 수 있습니다. 즉 과목명에 담긴 의미를 보면 사회라는 과목은 실생활과 동떨어진 과목이 아니라는 것을 알 수 있습니다. 그리고 실제로 교과서의 내용을 보아도 앞으로 미래를 살아갈 학생들에게 꼭 필요한 자산관리, 대한민국의 고령화에 따른 출산율 감소에 대책 세우기 등 경제, 지리, 정치와 법, 문화 등을 다루고 있습니다.

그렇다면 왜 학생들은 그런 점들을 느끼지 못했을까요? 그도 그럴 것이 그동안 사회는 교실에서 실생활에서의 예시 없이 교과서에 적힌 내용만을 중심으로 학생들에게 전달하는 형식의 교육이 주로 행해져 왔기 때문입니다. 사회란 과목은 앞서 밝혔듯이 정말 실용적인 학문입니다. 그 어떤 과목보다 실생활과 연계하여 생활교육의 대표 과목으로서 다뤄져야 할 과목이 오히려 내용 전달 위주로 학생들에게 가르쳐져 왔으니, 학생들이 사회를 재미없고, 어렵고, 살아가는데 불필요하다고 느끼는 것도 당연합니다.

사회? 쉽고 꼭 배워야 하는 과목이지!

그렇다면 사회에 대한 학생들의 인식을 바꾸려면 어떻게 해야 할까요? 미래 교육의 기조 변화에도 부응하고 실제 학교 현장의 특성을 반영할 수 있는 최고의 방법은 일방적 교사 위주의 전달 교육에서 에듀테크(Edu-tech)를 활용한 학생 참여 탐구형 교육으로의 전환입니다. 이를 학교 수업과 엮어보자면 기존의 서책형 교과서 위주의 수업이 아닌 디지털 교과서 활용 수업 혹은 서책형 교과서에 기술적 도구를 접목한 수업이라고 해석할 수 있습니다. 2025학년도부터 교육부에서 AI 디지털 교과서 도입을 시작하겠다고 밝히면서 디지털 교육 시대의 서막을 알렸으나 당장 실현되기까지는 시간이 걸릴 것으로 예상됩니다. 그러므로 현재 교육 현장에서는 서책형 교과서를 바탕으로 각 교과, 단원별로 적절한 기술적 도구를 취사선택하여 가르치는 방법이 더 적절합니다.

인간이라면 누구든지 어떤 일을 하는데 흥미가 생긴다면 그 분야의 일을 꾸준히 할 수 있고 더 나아가 최고가 될 수 있습니다. 특히나 요즘의 학생들을 가리켜 혹자는 모모 세대라고 합니다. 모모 세대란 모어 모바일(more mobile) 세대의 줄임말로 TV보다 스마트폰, 태블릿으로 정보를 얻으려고 하는 신세대를 의미합니다. 그만큼 요즘 학생들은 어떤 세대보다 인터넷과 가깝고 그에 익숙하기 때문에 정보 습득 능력 및 정보 활용 능력도 높을 수밖에 없으니, 사회 교육도 그에 맞춰서 변해갈 필요가 있습니다. 그러다 보면 사회라는 과목에 자연스레 관심과 흥미를 느끼게 되고, 더 나아가 일상생활 중에 '아, 이거 내가 사회 시간에 다루었던 내용이다!'와 같이 번쩍이는 경험까지 하게 된다면 학생들은 자기도 모르게 사회에 빠져들고 있는 자기 자신을 발견하게 될 것입니다. 또한 [1]2022 개정 교육과정 총론에서 추구하는 인간상(像)과 [2]2022 개정 교육과정 사회과 핵심 역량이 학습하는 과정에서 자연스레 길러지게 됩니다. 학생들이 주도하는 학습이 에듀테크와 결합하여 이루어진다면 사회적 문제를 창의적으로 해결할 수 있게 되면서 문제 해결력과 창의적 사고력을 기를 수 있고, 나와는 상관없다며 제삼자의 관점에서 바라보지 않고 주체가 되어 비판할 줄 아는 주체성과 비판적 사고력을 기를 수 있습니다. 그리고 극단적인 문화적 배타로 피해를 본 타문화에 대한 공감과 존중을 통해 포용력을 지닌 세계시민으로 거듭나게 됩니다.

---

1) 자기 주도성, 창의와 혁신, 포용성과 시민성
2) 창의적 사고력, 비판적 사고력, 무제 해결력 및 의사 결정력, 의사소통 및 협업 능력, 정보 활용 능력

캔바

현재 에듀테크 시장에는 활용할 수 있는 많은 기술적 도구가 존재하지만 그 중에서 캔바(Canva)는 가장 대중적이고 활용도가 높은 도구입니다. 캔바는 사용자가 쉽게 그래픽 디자인을 할 수 있도록 도와주는 온라인 플랫폼입니다. 캔바의 등장 이전에 프레젠테이션, 포스터, 인스타그램 게시물 등을 제작하는 일이 컴퓨터 디자인 숙련자만의 전유물이었다면, 이제는 전문적인 디자인 기술이 없는 사람들도 손쉽게 다양한 시각적 콘텐츠를 만들 수 있게 되었습니다.

캔바는 교육 현장에서 여러 가지 방식으로 활용될 수 있습니다. 교사와 학생 모두 캔바를 사용하여 포스터, 프레젠테이션, 인포그래픽 등을 쉽게 만들 수 있다는 것은 수업 시간에 학습한 내용을 줄글이 아닌 시각적 자료로 표현할 수 있다는 것입니다. 이전부터 시각적 자료는 수업 시작 단계에서 학생의 흥미 유발을 위해 사용 되어져 왔던 만큼 시각적 매력도가 높은 자료입니다. 그러므로 시각적 자료의 형태로 만들어진 학습 내용은 더 오래 기억될 수밖에 없습니다. 또한 캔바에 있는 다양한 템플릿과 디자인 요소 덕분에 학생들은 창의적으로 콘텐츠를 제작할 때 선택의 폭이 넓어집니다. 이는 학생들의 창의적 사고와 디자인 감각을 기르는 데 도움을 줍니다. 그리고 AI 인공지능이 더욱 보편화될 미래를 살아갈 학생들에게 필수적인 디지털 문해력(Digital Literacy), 즉 디지털 기술과 콘텐츠에 대한 정보 이해 및 표현 능력도 덩달아 향상될 것입니다.

무엇보다 캔바의 가장 큰 장점은 모둠 단위의 프로젝트 학습에 활용될 때 드러나게 됩니다. 바로 학생들이 함께 작업할 수 있는 기능을 제공한다는 점인데요. 이전에는 모둠 활동을 할 때 개인별로 역할이 정해지면 본인의 역할에만 충실하는 분위기였습니다. 예를 들어 A라는 학생이 자료 조사를 하고 B라는 학생은 수집한 자료 취합, C라는 학생은 프레젠테이션 제작만 하면 됐습니다. 하지만 이제는 다른 도구를 통해 함께 자료를 수집하고 취합한 후, 캔바를 통해 실시간으로 같은 작업 공간에서 서로의 아이디어를 공유하고 발전시킬 수 있습니다. 특히나 그 과정에서 살아가는 데 꼭 필요한 의사소통 및 협업 능력이 은연중에 향상됩니다.

마인드마이스터 (Mindmeister)

마인드마이스터(Mindmeister)는 사용자들로 하여금 그들의 생각을 자유롭게 표현하고 공유하며 시각화하도록 하는 마인드 매핑(Mind mapping) 플랫폼입니다.

마인드맵(Mindmap)이란 사람들의 생각을 정리하는 기술이자 도구로서, 하나의 주제에서 꼬리에 꼬리를 물고 내려오는 형태를 띕니다. 이전에는 마인드맵을 만들 때 직접 손으로 그려야 했거나 복잡한 프로그램을 사용하여 만들어야 했다면, 마인드마이스터에서는 다양한 종류의 마인드맵 템플릿을 제공하여 누구나 쉽게 마인드맵 제작에 접근할 수 있도록 합니다. 이로 인해 다양한 자료를 만들어볼 수 있습니다. 예를 들어 교과서에 표기된 단원 목차 순서로 수업하는 것이 아니라 교육과정 재구성을 통해 교과 내에서 비슷한 단원끼리 묶어서 수업을 진행하고자 할 때, 연 단위의 수업계획을 더 조리 있게 구조화하는데 마인드마이스터를 활용할 수도 있습니다.

이러한 방법은 더 작은 스케일에서 한 차시의 수업계획을 구성할 때도 똑같이 적용할 수 있습니다. 그리고 과거에는 같은 프로젝트 학습을 진행하더라도 따로따로 마인드맵을 만들어서 모두 취합한 후 다시 최종적인 하나의 마인드맵을 제작해야 하는 번거로움이 있었습니다. 하지만 마인드마이스터를 사용한다면 하나의 작업 공간에서 모든 팀원이 아이디어나 주제, 계획을 공유할 수 있고 실시간으로 마인드맵을 제작하고 편집도 가능하므로 빠른 피드백을 통해 더 나은 결과물을 만들어 낼 수도 있습니다.

띵커벨 (Thinkerbell)

띵커벨(Thinkerbell)은 퀴즈, 토론, 협동학습이 모두 가능한 학생 참여형 수업 플랫폼입니다. 띵커벨은 그 어떤 플랫폼보다도 다양한 기능을 가지고 있으므로 학교에서 학생들이 관련된 일이라면 그 어떤 것도 띵커벨을 활용할 수 있습니다.

한 예로 수업 한 차시를 통째로 띵커벨을 활용하는 방식을 말씀드려 보겠습니다. 먼저 수업 도입 단계에서 학생들의 동기 유발을 위해 워드 클라우드(Word cloud)를 사용할 수 있습니다. 워드 클라우드란 학생들에게 어떤 주제나 질문을 줬을 때, 학생들이 제출한 의견이나 답변이 실시간으로 화면에 반영되고 빈도가 높은 단어는 크게 제시되는 구름 모양의 단어 모음을 얘기합니다. 해당 차시에서 학습할 내용이 관련된 주제를 중심으로 학생들이 자유롭게 의견을 제시하고 얘기를 나눠봄으로써 본 수업에 대한 기대와 흥미를 불러일으킬 수 있습니다. 그리고 이전 차시에서 학습한 내용을 간단한 게임이나 퀴즈를 통해 확인해 볼 수도 있습니다. 일반적으로 종이 형태의 퀴즈를 제작하여 학생들에게 풀어보게 했을 때 자연스레 거부감을 가지게 되지만, 온라인으로 간단한 O·X 퀴즈나 게임 형식의 퀴즈를 만들면 학생들 관점에서 재밌고 편안하게 접근할 수 있게 된다는 장점이 있습니다.

본 수업에서도 띵킹보드를 만들어 학생들이 의견을 부담 없이 제시하고 서로 다른 의견을 주제로 토론·토의해 보는 과정을 통해 포용력을 기를 수도 있고, 다른 사람의 생각을 파악하고 존중해봄으로써 감성지능(EQ)의 발달도 도모할 수 있습니다. 또한 결과물을 전시할 수 있는 보드를 만들어 학생들에게 제출토록 함으로써 동료평가와 자기평가도 진행할 수 있습니다.

공개 수업 지도안 정기원 교사	주제	여러분의 축제, 저희가 만들어드립니다.		
	과목	사회	출판사	금성출판사
	학년	3학년	단원/차시	11-2단원/2차시

성취기준	[9사(지리)11-03] 우리나라 여러 지역의 특징을 조사하고, 지역의 특색을 살리는 지역 브랜드, 장소 마케팅 등 지역화 전략을 개발한다.
교수학습 활동 유형	■ 개념설명형(지식전달) □ 의사결정형(토의토론) ■ 문제해결형(탐구, 프로젝트) ■ 직·간접체험형(실험, 실기) □ 놀이활동형
형성평가 활동 유형	■ 의사소통형(협업, 의견수렴 등) ■ 학습확인형(퀴즈 등) ■ 포트폴리오형(프로젝트 등) ■ 실험실습형(실기 포함)
활용도구	■ 캔바(Canva), 띵커벨(Thinkerbell) , 마인드마이스터(Mindmeister)
활용 콘텐츠	■ PPT, 영상, 이미지
온·오프 연계 형태	■ 온라인으로 수업을 지속하는 경우(온라인→온라인) ■ 온라인 수업 후 학생이 등교하는 경우(온라인→오프라인) ■ 등교수업 후 온라인 수업을 하는 경우(오프라인→온라인) ■ 오프라인으로 수업을 지속하는 경우(오프라인→오프라인)
기기환경	□ 교사 1기기(학생 기기 미활용) □ 모둠형 기기(학생 모둠별 1기기) ■ 학생 개인별 기기(학생 1인당 1기기) : 크롬북 □ 기타

(해당 부분에 '■' 표시)

단계	수업 내용
<3차시> 수업 안내	▶ 학습 목표 - 지역의 특성을 파악할 수 있다. - 장소 마케팅을 수립할 때 고려해야 할 점을 이해할 수 있다. - 지역의 특성과 정체성에 맞는 장소 마케팅을 창조할 수 있다. ▶ 수업 주의 사항 - 학생들이 크롬북을 다룰 때, 교육적 목적에 맞게 사용하도록 하여 수업에 집중하도록 한다. - 모둠 학습하는 중에 어렵거나 잘 풀리지 않는 일이 생기면 　우선 모둠원들끼리 협의로 해결하도록 하고 그래도 해결되지 않으면 교사에게 도움을 요청한다. - 자료 조사 사이트(농사로, 대한민국 구석구석)에서 자료를 수집하는 방법을 교육한다. - 축제 포스터를 제작하는 데에 있어서 시중에 존재하는 포스터를 참고는 하되, 　표절하지 않도록 디지털 윤리를 준수하게끔 지도한다. - 사전에 학생들의 디지털 리터러시 정도에 따라 임의로 구성한 모둠 　(한 모둠에 3~4명씩 총 5개의 모둠)을 학생ㄴ들에게 안내하고 모둠별로 앉도록 한다.
도입	▶ 전시학습 확인 - 띵커벨(Thinkerbell)을 활용하여 만든 간단한 퀴즈를 통하여 전시학습 내용을 확인한다. - 학생들이 시간에 쫓겨 풀지 않도록 한다. 그리고 퀴즈를 평가로 여겨 부담을 갖지 않도록, 　퀴즈의 의의가 기억 인출과 복습에 있음을 안내한다.   <띵커벨 퀴즈 화면>　　　　　　　　<띵커벨 접속 화면> ▶ 동기 유발 - 이천의 쌀문화축제와 관련된 뉴스와 고성의 가리비축제를 다룬 뉴스 기사를 시청한다. - 각 지역이 가진 특수성을 활용하여 장소 마케팅을 하는 것이 어떻게 큰 연쇄 효과를 발생시키는지 　보여준다.   <유튜브 영상 화면>　　　　　　　　<뉴스 기사 화면>

▶ 전달식 수업
- 학생들이 활동하기 전에 지역화 전략 중 장소 마케팅 개발 시 고려해야 할 요소들,
  각 요소에 해당하는 대표 장소 마케팅 사례, 장소 마케팅의 긍정적인 효과 등을 학습한다.
- 전달식 수업이지만 학생들이 흥미를 잃지 않고 관심을 가지도록 이론 중심 수업이 아닌
  사례 중심 수업을 진행한다.

전개 1
(교사활동)

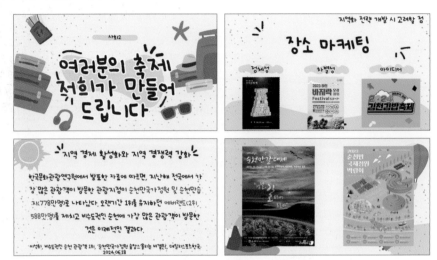

<수업 PPT 화면>

▶ 모둠별 지역 분배하기
- 모둠마다 조사하기를 원하는 지역이 같을 수도 있으므로 공정한 분배를 위하여 캔바(Canva)에서
  독도 관련 간단한 퀴즈(1차시에 학습한 내용 기반)를 활용한다.
- 순위대로 원하는 광역지방자치단체(ex. 전라북도, 강원도, 제주특별자치도 등)를 선택하도록 지도한다.

<캔바를 활용한 독도 관련 퀴즈>

▶ 자료 조사하기
- 모둠별로 선택한 광역지자체 내에서 기초지자체(ex. 고창군, 진주시 등) 한 곳을 협의하에 선택한다. 그 후 모둠원별로 특산물을 조사할 사람과 관광지를 조사할 사람으로 나누어 역할을 맡는다.
- 특산물을 조사할 학생은 농사로(https://www.nongsaro.go.kr/portal/portalMain.ps?menuId =PS00001) 사이트를 참고하고, 관광지를 조사할 학생은 대한민국 구석구석(https://korean. visitkorea.or.kr/main/main.do) 사이트를 참고하도록 지도한다.

<농사로 사이트>

<대한민국 구석구석 사이트>

▶ 마인드맵 제작하기
- 각 모둠원이 모은 정보나 자료들을 마인드마이스터(Mindmeister)를 활용해 하나의 작업 공간에서 협업하여 제작한다.
- 한 작업 공간에서 만들고 있으므로, 다른 모둠에서 만들고 있는 마인드맵을 침범하여 글을 남기는 등 장난을 치지 않도록 중간중간 확인하며 지도한다.

전개 2
(학생활동)

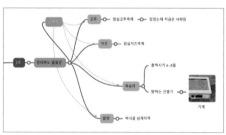

<마인드마이스터 제작 예시>

▶ 축제 포스터 제작하기
- 세간에서 좋은 평가를 받은 우리나라나 외국의 축제 포스터를 학생들과 예시로써 살펴보고 학생들이 제작을 두려워하지 않도록 고무한다.
- 간단한 포스터 작성 방법과 캔바의 다양한 꾸미기 요소들을 설명한다.
- 앞서 작성한 마인드맵을 토대로 캔바에서 모둠원들이 협업하여 축제 포스터를 제작한다.

<캔바를 활용한 축제 포스터 제작 화면>

▶ 포스터 공유하기
- 띵커벨 보드를 활용해 모둠이 만든 포스터를 공유하고 댓글과 하트 기능을 통해 다른 모둠이 만든
  포스터를 평가해본다.
- 평가하는 과정에서 긍정적인 부분만 있을 필요는 없음을 강조한다.
  그리고 개선점에 관해 이야기할 때 비판이 아닌 비난을 하지 않도록 지도한다.
- 모둠별로 만든 포스터를 발표하며 다른 모둠의 학생들은 경청한다.

전개 2
(학생활동)

<띵커벨 보드 공유 화면>

<띵커벨 기능을 활용한 평가 화면>

▶ 학습 피드백 남기기
- 띵커벨 보드를 활용해 오늘 수업에 대한 소감을 적도록 한다.
- 소감을 적을 때 이번 학습에 대한 본인의 생각, 느낌만 적는 것이 아니라
  학습 동안의 본인 활동에 대한 자기평가도 간단히 적어보도록 지도한다.

정리

<학생들의 실제 학습 후기>

마인드맵 제작하기(순서대로 1조부터 5조)

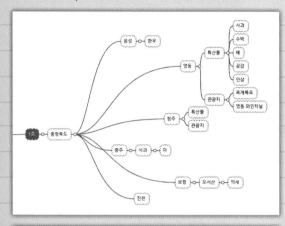

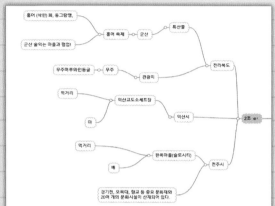

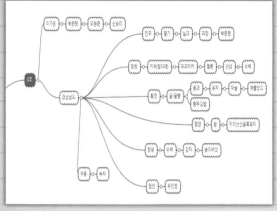

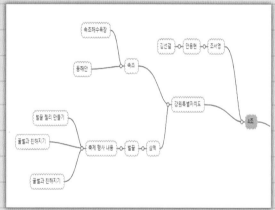

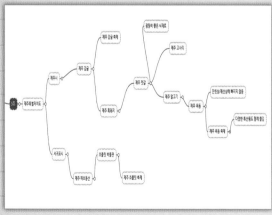

과학

국어

미술

사회

수학

영어

정보

포스터 제작하기

모둠 1

모둠 2

모둠 3

모둠 4

모둠 5

학생 수업후기

3104김사엘
(2024.11.07 am11:07)

3104 김사엘 수업 소감
평소 '제주도'의 특산품하면 감귤이나 흑돼지 정도만 알았는데 이번에 제주도의 특색을 이용한 축제를 새롭게 기획하면서 그동안 알지 못했던 제주도의 특산품을 알 수 있었다. 또한 이렇게 특산품이나 장소를 이용한 축제를 기획하는 과정에서 그 지역의 특색이나 특산품을 적절히 활용하려면 어떻게 해야 하는지 생각해보는 계기가 되었던 것 같다. 조원들과 함께 포스터를 제작하면서 서로 자료조사를 하고 제작하는 과정이 보람있었던 것 같다.
...접기

♡1　💬0

3117오원준
(2024.11.07 am11:08)

지역 축제 포스터 만들기
오늘 이러한 활동을 하면서 모둠 친구들과 협력을 하는 과정을 통해서 의미있는 시간을 보냈던 것 같다. 또한 우리의 아이디어가 꽤나 좋았던 것 같은데 발표를 하지 못해서 매우 아쉬운 부분이라고 생각하며 에듀테크를 기반으로 이를 활용하여 수업을 한 것이 굉장히 참여도 수업의 능률이 올라간다고 생각한다. 또한, 나는 이번 활동에서 모둠 활동을 하며 나름대로 열심히 참여했다고 생각한다. 만족스러운 수업이 된 것 같다.
...접기

♡2　💬0

3112신가윤
(2024.11.07 am11:10)

소감
오늘 수업을 하면서, 충청북도라는 곳의 특산품, 관광명소를 알게 되어서 좋았고, 친구들과 함께 이야기 하면서 충청북도 영동군, 제천시 두 포스터를 모둠원과 같이 제작한 만큼 모둠원과의 협동심도 기른 것 같아 좋았습니다. 저 혼자 만들면 이런 아이디어가 생각나지 않았을텐데 모둠원들과 함께 이야기 하며 서로의 생각을 나누고 하면서 이렇게 멋진 포스터 두 개가 완성되었던 것 같아 뿌듯하고 다음에도 이런 활동을 하고 싶다고 생각했습니다.
...접기

♡1　💬0

3115양세은　✛
(2024.11.07 am11:09)

소감문
평소 잘 알지 못하였던 타 지역의 특산물에 대해 알 수 있었던 것 같습니다. 전라북도에 있는 학교를 다니고 있지만, 그에 대해 잘 알지 못했었던 자신을 반성하게 되기도 했던 것 같습니다. 또한 마인드 마이스터, 캔바 등 다양한 사이트를 활용하여 조원들과 소통하고 협력할 수 있어서 빠른 시간 내에 축제 포스터를 잘 만들어낼 수 있었던 것 같아 뿌듯한 마음이 듭니다. 특히 군산의 풍어, 막걸리라는 특산품을 이용하여 축제를 기획하는 역할을 맡았는데, 어떤 활동을 통해 많은 사람들을 이끌어낼 수 있을지 고민해보는 시간이 재미있었습니다. 이처럼 오늘의 활동은 저에게 정말 유익한 시간이었던 것 같습니다!
...접기

♡1　💬0

3103김민수
(2024.11.07 am11:12)

소감문
오늘 수업에서 여러 지역의 축제나 특산품, 관광지 까지 알게 되어서 너무 좋았고, 몰랐던 관광지나 특산물을 다시 본 것 같아서 뜻 깊었습니다. 그리고 팀원들과 함께 마인드 맵으로 의견을 나눌 수 있어서 좋았고, 지역 포스터를 만들 수 있어서 너무 재밌었고, 여러 의견을 나누면서 즐길 수 있는 수업이 되어서 좋았습니다. 다른 조에서 만든 포스터를 보면서 생각지도 못한 것을 활용한 포스터들을 접할 수 있어서 좋았습니다.
...접기

♡1　💬0

3119이가온
(2024.11.07 am11:08)

지역 축제 포스터 만들기
이 활동을 통해 각 지역의 다양한 특산품과 관광지를 알 수 있었고, 나중에 놀러가고 싶기도 하였다. 또한 모둠원들과 협력하며 재밌는 포스터를 만들며 재밌게 수업에 참여할 수 있었다. 에듀테크를 이용하여 더 수월하게 이루어지기도 한 것같다.
...접기

♡1　💬0

교사 인터뷰

정기원 교사

Q 평소에도 수업하실 때 에듀테크를 활용하시나요?

A 평소에 에듀테크를 활용하는 경우는 2가지가 있습니다. 첫 번째는 수업 시작 전과 끝난 후입니다. 수업 시작 전에는 띵커벨을 활용하여 전 차시의 학습 내용을 확인합니다. 간단한 O·X퀴즈나 단답형, 선택형 문항을 학습 내용의 특성에 맞추어 제작한 다음, 학생들이 풀어보도록 함으로써 장기기억에 저장되어 있던 선수학습 내용을 단기기억으로 인출하도록 합니다. 그리고 수업이 끝난 후에도 마찬가지로 띵커벨에서 타일형 보드를 제작하여 학생들이 오늘 수업에 대한 소감 및 본인의 자기평가를 남겨보도록 합니다. 그 후엔 학생들의 자기평가 내용을 토대로 개별적인 피드백을 제공합니다. 이를 통해 교사인 저도 학생들의 반응을 수용하여 더 나은 수업을 위해 개선해 나갈 수 있고 학생들도 자기평가를 함으로써 자기이해능력을 기를 수 있으며 교사의 피드백을 통해 동기가 유발되고 학습에 더욱 적극적으로 참여할 수 있게 됩니다.

Q 이번 수업에서는 어떤 주제를 다루셨나요?

A 먼저 이번 수업의 주제는 한 마디로 '지역을 선택하고 축제 만들어보기'입니다. 언뜻 보면 진부한 주제일 수도 있지만 여기서 핵심은 그 지역에 존재하지 않는 새로운 축제를 만들어보는 것입니다. 우리나라는 아시다시피 지표의 고저(高低) 차이가 심하고 계절에 따라 다양한 기후행태를 보이기 때문에, 지역별로 특산물 및 자연환경이 다르고 그에 따른 관광 상품에서도 차이를 보입니다. 그리고 역사적으로도 예부터 많은 나라들이 각 지역을 기반으로 존재했었기 때문에 역사적인 장소들도 다양합니다. 하지만 지역

주민들에게는 익숙하지만 관광화되지 않아서 외지인들은 잘 모르는 관광 상품들이 대부분입니다. 마치 우리가 흔히 지역주민 맛집이라고 부르는 것과 비슷하다고 할 수 있습니다. 더군다나 요즘에는 전 지구적인 시대 상황적으로 보았을 때 지역화(Localization)와 세계화(Globalization)가 동시에 진행되는 세방화(Glocalization)가 주류인 세상이 되고 있습니다. 여기서 세방화란 가장 지역적인 것을 지켜내고 발전시켜서 세계로 나아감을 뜻합니다. 대표적으로 한국 전통문화를 세계로 수출하는 것을 예시로 들 수 있습니다. 예를 들어 실제로 하동군에서는 특산품인 녹차를 활용한 축제를 개최하여 하동 녹차를 세계에 알리고 여러 국가와 협약을 맺어 녹차를 수출하기로 하였습니다. 그 결과 녹차의 수출량이 약 25% 증가했다고 합니다. 이처럼 세계적인 스케일에서 봤을 때는 대한민국의 작은 지역일 수도 있지만, 다른 지역과 비교했을 때 비교우위를 갖는 상품이나 명승지를 관광화하여 축제를 구상하여 개최해 보는 활동을 해보았습니다.

Q 앞선 주제와 에듀테크를 어떻게 접목하셨나요?

A 먼저 이전 차시에서 배웠던 내용을 띵커벨(Thinkerbell)의 문제 형식으로 제작하여 학생들과 풀어보고 피드백을 주고받습니다. 본 수업에 들어가며 각 모둠별로 광역지방자치단체(ex. 경상남도, 전라북도 등)를 배정하고, 모둠원들은 협의를 통해 광역지자체내에서 기초지방자치단체(ex. 고창군, 전주시)를 선택합니다. 예를 들어 A모둠에서 전라북도를 배정받고 고창군을 선택했다면 모둠원들은 고창군의 농산물이나 자연환경과 관련된 여러 정

보를 인터넷 사이트에서 수집합니다. 대표적인 사이트로는 한국관광공사에서 운영하는 '대한민국 구석구석'과 농촌진흥청에서 운영하는 '농사로'가 있습니다. 이 사이트는 학생들에게 신뢰성 높은 정보를 제공한다는 장점이 있습니다. 이 과정에서 모둠원들은 개별 조사를 통해 수집한 자료들을 마인드마이스터(Mindmeister)를 활용해 협업하여 하나의 마인드맵으로 제작합니다. 굳이 수집한 자료들을 마인드맵으로 정리한 이유는 중구난방으로 흩어져있는 자료의 키워드들을 정리하여 가독성 좋은 시각적 자료로 표현하기 위함입니다. 우리가 글을 쓰기 전에 먼저 단어별로 구조화하는 것처럼요. 그 후에는 마인드맵을 토대로 캔바(Canva)에서 제공하는 포스터 템플릿을 활용하여 축제 포스터를 제작하면 됩니다. 마지막으로 띵커벨(Thinkerbell)의 보드를 활용하여 포스트잇 형식으로 수업 피드백을 학생들이 남기면 한 차시의 수업이 끝이 나게 됩니다.

Q 학생들이 에듀테크 도구를 사용할 때의 반응은 어떤가요? 참여나 흥미도에 변화가 있었나요?
A 저도 마찬가지지만 학생들도 처음 에듀테크를 사용할 때 헤맸던 기억이 납니다. 하지만 사회라는 과목에서만 에듀테크를 활용하는 것이 아니라, 모든 과목에서 선생님들이 활용하시다 보니 학생들도 따라서 자연스럽게 에듀테크에 익숙해지고 있다는 걸 느끼게 되었습니다. 오히려 이제는 학생들이 웬만한 건 저보다 더 잘 다룬다고 느낍니다. 확실히 에듀테크를 수업에 활용하다 보니 사회의 학습 내용이 지엽적이고 어렵더라도 오히려 흥미를 더 가지고 수업에 참여하는 것을 느낍니다.

Q 선생님께서는 에듀테크 관련 지식을 더 쌓기 위해 어떤 노력을 하고 계신가요?
A 교사가 많이 알아야 학생도 잘 알 수 있습니다. 하지만 저는 사실 아직도 에듀테크와 관련하여 아는 것이 너무 적습니다. 그러므로 여러 방면으로 제 전문성을 키우기 위해 노력 중입니다. 우선 유튜브를 통해 전국에 계신 많은 선생님들이 공유해주시는 수업 영상이나 프레젠테이션 강의를 보며 사회에 접목할 수 있는 요소는 수용하여 감사히 잘 활용하고 있습니다. 또한 전라북도교육청에서도 에듀테크 관련 연수를 평일, 주말 가리지 않고 많이 개최해 주시고 계십니다. 예를 들면 수업에 가장 기본이 되는 한글, 엑셀 활용법부터 MS에서 제공하는 팀즈(Teams), 구글의 워크스페이스(workspace) 관련 연수까지 모두 신청하여 주말마다 미래교육연구원을 방문하여 수강하고 있습니다. 앞으로는 원격으로 열리는 연수나 강의도 신청하여 수강할 계획입니다.

3학년 양세은

Q 이번 축제 제작하기 수업에서 가장 인상 깊었던 부분은 무엇이었나요?

A 저희 모둠은 전라북도에 있는 지역을 토대로 새로운 지역 축제를 제작해야 했습니다. 그 과정에서 전라북도의 다양한 지역에 대해 알아보고, 그 특성을 살릴 수 있는 축제를 기획하는 시간을 가질 수 있었습니다. 이는 저에게 주변 지역에 대한 새로운 지식을 얻을 수 있는 기회를 주었던 것 같습니다.

Q 에듀테크 도구(예: 캔바, 띵커벨, 마인드마이스터)를 사용해 보면서 어떤 점이 편리했나요?

A 캔바와 마인드마이스터를 사용해보니, 팀원과의 공동 작업이 가능하다는 것을 알게 되었습니다. 이를 통해 포스터를 만드는 과정에서 각자의 역할을 분담하여 동시에 조사, 제작을 진행할 수 있었기에, 혼자서 과제를 할 때보다 효율적인 작업이 가능했던 것 같습니다. 그리고 띵커벨은 온라인 상으로 제작한 포스터를 보드에 올려 다른 모둠들과의 공유가 가능할 뿐만이 아니라, 댓글을 닮음으로써 즉각적인 소통과 반응이 가능했습니다. 따라서 서로의 작품을 손쉽게 감상하고, 그에 대한 감상평을 나눌 수 있는 시간을 간단하게 지닐 수 있었던 것 같습니다.

Q 모둠원들과 협업하는 과정에서 팀워크가 잘 이루어졌다고 느낀 순간이 있었나요?

A 저희 모둠은 제작 과정에서 축제의 개성이 잘 드러날 수 있도록, 디자인이 사람들의 이목을 끌 수 있을 뿐만이 아니라 축제의 특징이 잘 담겨 있어야 한다고 생각했습니다. 그리하여 디자인을 구성하는데에 꽤나 많은 시간과 고민을 기울였습니다. 그러나 그 과정에서 서로의 의견이 부딪히는 순간이 생겨날 수 밖에 없었습니다. 그럼에도 불구하고, 저희 모둠원들은 자신의 의견을 무조건적으로 고집하거나 포기하지 않고, 서로의 의견을 종합하여 더욱 완성적인 디자인의 포스터를 제작할 수 있었습니다. 이처럼 모둠 활동 과정 중 서로의 감정이 상하지 않는 선에서 각자의 의견을 적극적으로 드러내고, 수용하는 모둠원 모두의 모습에서 팀워크가 잘 이루어졌다고 느껴졌던 것 같습니다.

Q 수업 결과물에 대해 만족스러웠나요? 개선하고 싶은 부분이 있었다면 어떤 점인가요?

A 저희 모둠의 축제 포스터 중 하나는 전라북도 군산시의 특산품인 홍어와 막걸리를 토대로 제작한 '군산시 홍어& 막걸리 축제'입니다. 포스터 제작 과정에서 홍어와 막걸리라는 두 가지 특산품이 잘 어우러져 조화를 이룰 수 있도록 큰 노력을 기울였던 것 같습니다. 그리하여 막걸리 위에서 홍어가 헤엄치는 듯한 역동적이고도 조화로운 포스터 속의 디자인이 매우 만족스러웠습니다. 그러나, 이러한 디자인에 너무 치중된 나머지, 축제의 활동을 설명한 글이 눈에 잘 들어오지 않는 것 같기도 했습니다. 그리하여 축제의 주요 활동에 대해 설명한 부분의 색을 달리하거나, 글씨의 크기를 키우는 등 조금 더 수정했으면 하는 바람이 있습니다.

Q 에듀테크 수업이 가진 가치와 미래에 대한 친구의 바램은 무엇인가요?

A '챗 GPT', '뤼튼' 등 다양한 인공지능 서비스가 출시되고 있는 요즘인데요. 인공지능 뿐만이 아니더라도 사회 전반에 정보통신기술이 활용되어가고 있습니다. 게다가 산업의 발전 속도가 상상을 초월할 정도로 빠릅니다. 따라서 미래 세대 기술의 급속한 성장에 대한 적응을 돕고, 국제 사회에서 뒤쳐지지 않을 대한민국의 경쟁력을 높이기 위해 에듀테크 수업을 진행하는 것은 필수적이라 생각합니다. 또한 에듀테크 기술을 올바르게 사용하는 법을 배운 학생들이 구성해갈 미래 사회는 올바르고 견고한 성장을 이뤄내갈 것이라 믿습니다. 저또한 미래 세대의 구성원이기에, 저희 학생들이 그려나갈 미래가 이처럼 올바른 기술 사용을 통한 성장으로 아름답게 피어날 수 있으면 좋겠다는 바람을 간직하고 있습니다.

요즘 우리는 '에듀테크'라는 말을 심심치 않게 들어볼 수 있습니다. 그럼 에듀테크는 무엇이고 왜 에듀테크가 강조되는 것일까요?

에듀테크란 교육(Education)과 기술(Technology)의 합성어로, 교육에 ICT 기술을 접목한 차세대 교육을 의미합니다. 에듀테크의 핵심은 시·공간의 장벽을 무너뜨리고, 언제 어디서나 커뮤니케이션을 가능하게 하는 정보통신기술을 교육에 접목하는 것입니다.

지금까지 에듀테크가 무엇인지 소개했습니다. 그럼 왜 에듀테크 수업을 해야 할까요? 먼저 에듀테크 수업은 딱딱한 교과서에서 벗어나 자기 주도적인 수업입니다. 학생들이 자신이 직접 필요한 자료를 찾으며 교과서가 알려주지 않는 내용들을 알아가며 지식을 확장합니다. 또한 이 과정에서 자연스럽게 디지털 리터러시 능력이 향상됩니다.

우리 영선중학교는 에듀테크 시범 운영 학교인 만큼 에듀테크를 활용한 수업이 매우 많습니다. 이 수업들에서는 공통적으로 캔바가 사용되는데요. 캔바는 다양한 디자인 요소와 유료 기준 60만 개의 템플릿을 제공하여 디자인을 잘 모르는 학생들도 수준 높은 자료를 제작할 수 있습니다. 또한 캔바의 앱 기능을 통해 자신에게 필요한 기능을 추가하여 작업할 수 있습니다. 무엇보다 캔바는 프로젝트를 공유하여 공동 작업을 할 수 있습니다. 이 기능이 굉장히 중요한데요. 프로젝트 공동 작업은 시·공간의 장벽을 무너뜨리고, 언제 어디서나 저희 학생들끼리의 커뮤니케이션을 가능하게 합니다.

저희 학교가 진행한 에듀테크 수업 중 한 가지를 소개하자면 캔바, 마인드마이스터를 활용하여 지역 축제 포스터를 제작했는데요. 마인드마이스터를 통해 아이디어를 구상하고, 캔바로 포스터를 제작했습니다. 특히나 자료 조사 과정에서 '대한민국 구석구석'이나 '농사로'라는 사이트를 이용했습니다. 국가에서 운영하는 사이트인 만큼 제가 원하는 정보를 대부분 담고 있었고, 가독성 좋게 카테고리화 되어있어 사용하기 편리했습니다.

이번 수업을 통해 단순히 상상에 그치는 것이 아니라, 실제로 에듀테크를 활용해 구체적인 축제 계획을 시각화하고 공유해보는 특별한 경험을 했습니다. 그리고 친구들과 함께 아이디어를 공유하고 다양한 이견을 조율하면서 협력과 소통의 가치 및 중요성을 깨달았습니다. 이번에 했던 활동처럼 앞으로 사회 과목에서 환경, 인권, 경제 문제와 같은 사회적 이슈를 포스터 형식으로 표현하는 학습도 해보고 싶고, 특정 주제에 대해 가상 신문 기사를 작성하여 실제 신문처럼 꾸며보는 활동도 해보면 좋겠습니다.

에듀테크가 도입된 새로운 수학 수업 형태와 도구는 어떻게 수업의 질을 향상시킬 수 있을까

2025년부터 에듀테크의 일환으로 도입되는 AI 디지털 교과서(AIDT)는 수학교육 현장에 새로운 변화를 불러올 중요한 요소로 기대를 모으고 있습니다. 기존의 수업과 달리 AI 기반의 디지털 수학 교과서를 활용한 다양한 에듀테크 도구가 도입된 수업은 학생들에게 개별화되고 다양한 학습 경험을 제공하여 학습 효과를 극대화할 것으로 보입니다. 이러한 변화는 교사의 역할에도 새로운 변화를 요구하며, 수학교육의 형태와 도구에도 변화가 필요할 것입니다. 에듀테크가 도입된 새로운 수학 수업 형태와 도구가 어떻게 수업의 질을 향상할 수 있을지에 대한 고민이 필요하며, 다양한 시도와 사례 공유를 통해 효과적인 수업 모델을 함께 탐구할 기회가 되었으면 합니다.

수학교육에서 에듀테크의 필요성

수학교육에서 에듀테크의 필요성은 학습 효과를 극대화하기 위한 중요한 요소로 자리 잡고 있습니다. 먼저, 에듀테크는 학생 개개인의 학습 속도와 이해 수준을 분석하여 맞춤형 학습 경로를 제공합니다. 수학은 학생마다 개념 이해도와 문제 해결 능력이 다르기 때문에, 기술 기반의 맞춤형 학습은 보다 효율적인 교육을 가능하게 합니다. 또한, 에듀테크는 게임적 요소나 시각적, 상호작용적 콘텐츠를 통해 학습 동기를 유발합니다. 이러한 방식은 전통적인 교재보다 더 흥미롭고 생동감 있는 학습 경험을 제공해 학생들이 수학에 더욱 몰입하도록 돕습니다. 더불어, 에듀테크는 복잡한 수학 개념을 시각적으로 표현하는 데 탁월합니다. 예를 들어, 3D 그래픽이나 애니메이션을 통해 학생들이 추상적인 개념을 직관적으로 이해할 수 있도록 지원합니다.

학생들은 에듀테크를 통해 문제를 해결할 때 즉각적인 피드백을 받을 수 있어 학습 과정에서 자신의 오류를 즉시 인지하고 교정할 수 있습니다. 교사도 실시간으로 학생들의 학습 진행 상황을 모니터링하고 지도할 수 있습니다.

또한, 온라인 플랫폼은 협력 학습을 촉진해 학생들이 서로의 아이디어를 공유하고 함께 문제를 해결하는 과정을 경험하게 합니다. 이러한 경험은 학생들 간의 소통 능력과 창의적 문제 해결력을 향상시킵니다. 나아가 에듀테크는 학생들이 미래 사회에 적응할 수 있는 중요한 역량을 키우는 데 기여합니다.

수학교육에서 에듀테크 활용의 기대효과

수학교육에서 에듀테크를 활용하면 학생들이 더 재미있고 적극적으로 수업에 참여하게 됩니다. 복잡한 수학 개념을 그림이나 시뮬레이션을 통해 쉽게 이해할 수 있고, 즉각적인 피드백을 통해 자신의 학습 상태를 확인할 수 있습니다. 이렇게 하면 각 학생의 수준에 맞는 맞춤형 학습이 가능해지고, 다양한 활동을 통해 문제 해결 능력과 창의성을 키울 수 있습니다. 또한, 수학이 실제 생활에서 어떻게 쓰이는지를 배우면서 수학의 중요성을 느끼게 됩니다.

활용 에듀테크 도구

EBS MATH

EBS MATH는 학생들이 수학을 쉽고 재미있게 배울 수 있도록 다양한 수학 콘텐츠를 제공하는 학습 사이트입니다. 공교육 역할의 강화와 더불어 이용자의 눈높이에 맞는 수학 콘텐츠를 제공하여 사교육비 경감과 수학의 대중화를 목표로 합니다. 초등학교 3학년 과정부터 고등학교 3학년까지 모든 학생들이 즐길 수 있는 동영상, 게임, 웹툰, 문제 등 다양한 콘텐츠를 무료로 제공합니다.

다양한 수학 영상은 학습에 필요한 배경지식을 쉽게 설명하고, 수학이 실생활에서 어떻게 활용되는지 보여줌으로써 학생들의 흥미와 동기를 유발할 수 있도록 돕고 있습니다.이를 통해 학생들은 수학 개념이 단순한 계산을 넘어 실제 상황에서 어떤 의미를 가지는지 이해하게 되어 학습에 대한 관심과 몰입이 높아집니다. 또한 웹툰이나 수학 만화와 같은 콘텐츠를 통해 학생들이 보다 즐겁게 수학을 접할 수 있도록 합니다. 이러한 스토리 기반의 자료는 학생들에게 수학의 개념을 쉽고 재미있게 전달하며, 학습의 부담감을 줄이고 긍정적인 학습 태도를 기를 수 있는 환경을 제공합니다.

수학 게임은 학생들이 수학 문제 풀이를 즐겁게 경험할 수 있게 해주며, 특히 반복이 필요한 연산 학습을 유창성 있게 연습할 수 있는 훌륭한 도구입니다. 수학 게임을 통해 학생들은 놀이를 하듯 수학을 접하게 되어 수학 시간 자체가 더 즐거워지고, 지루함 없이 집중력을 유지할 수 있습니다. 또한, 수학 게임은 레벨별로 난이도가 조정되므로 학습 수준에 따라 맞춤형 지도가 가능하며, 기초 학력이 부족한 학생들에게도 부담 없이 수학 실력을 향상할 수 있는 기회를 제공합니다. 이를 통해 기초학력 지도가 필요한 학생들에게도 유용하게 활용할 수 있어 수업의 다양성과 학습의 효과성을 높이는 데 기여합니다.

수학 공학도구는 학습 단계에 맞춰 다양한 기능을 갖추고 있어 학생들이 보다 직관적으로 수학 개념을 이해할 수 있도록 돕습니다. 예를 들어, 초등 공학도구로는 '이지 통계'와 '그림 그래프'가 제공되어 기본적인 통계와 그래프 개념을 쉽게 배울 수 있습니다. 중학 공학도구에는 '이지 통계', '이지 그래프', '이지 작도', '이지 입체도형' 등이 포함되어, 그래프 작성, 작도 및 입체도형을 통한 공간 감각을 기르기에 유용합니다. 특히 이지 입체도형을 사용하면 입체도형을 360도로 회전하며 관찰하거나 전개도를 펼쳐볼 수 있어, 학생들이 도형의 구조를 더 깊이 이해하고 흥미를 느끼게 합니다.

고등 공학도구에는 '이지 통계'와 '이지 행렬 계산기'가 포함되어 있어 고난도 수학 주제인 통계 및 행렬 계산도 효율적으로 학습할 수 있습니다. 이러한 공학도구는 그래프 작성이나 작도 활동을 더욱 간편하게 만들어주며, 학생들에게 시각적이고 직관적인 학습 경험을 제공함으로써 수학에 대한 흥미를 높이고 개념 이해를 돕는 데 중요한 역할을 합니다.

지오지브라 기하

GeoGebra

지오지브라(GeoGebra)의 기하는 수학 수업에서 특히 기하학 개념을 시각적으로 이해하고 실험할 수 있는 유용한 에듀테크 도구입니다.

지오지브라는 직관적인 그래픽 도구를 통해 다양한 기하학 개념을 학습할 수 있도록 돕고, 학생들이 직접 조작하며 학습할 수 있어 수업에 활기를 더합니다.

기하학 개념을 시각화할 수 있습니다. 삼각형의 내각의 합, 평행선과 각의 관계, 원의 성질 등 기하학의 핵심 개념을 시각적으로 탐구할 수 있습니다. 학생들은 수학적 정의를 단순히 암기하는 대신, 도형을 직접 그리고 움직여 보면서 개념을 직관적으로 이해할 수 있습니다.

다양한 작도 도구를 제공하여 삼각형의 내심, 외심, 무게중심 등을 쉽게 작도할 수 있게 해줍니다. 이를 통해 학생들이 작도 활동을 수행하며 수학적 원리를 논리적으로 추론할 수 있는 기회를 제공합니다.

실시간으로 탐구 학습이 가능합니다. 학생들은 직선, 도형, 점을 직접 움직이거나 수치를 조작하면서 결과를 실시간으로 관찰할 수 있습니다. 예를 들어, 삼각형의 한 각을 조정할 때 다른 각이 어떻게 변하는지 확인할 수 있으며, 이를 통해 도형의 성질을 이해하고 실험적인 사고를 기를 수 있습니다.

공간 감각 및 입체도형 학습을 할 수 있습니다. 지오지브라는 평면 기하뿐 아니라 3D 기하학 기능도 제공하므로 입체도형의 구조를 시각적으로 확인하고 분석할 수 있습니다. 예를 들어, 정다면체의 각 면을 회전하거나 투영을 통해 입체의 구조를 더 잘 이해할 수 있습니다.

지오지브라를 통해 학생들은 실생활 문제를 수학적 모델로 만들어보고 해결하는 경험을 할 수 있습니다. 예를 들어, 함수의 변화를 시각화하거나 기하 문제를 그래프 상에서 해결함으로써, 수학적 사고와 문제 해결 능력을 기릅니다.

지오지브라 기하 도구를 통해 학생들은 수학 개념을 보다 유연하게 탐구하고, 실험적이고 창의적으로 문제에 접근할 수 있어, 기하학 수업이 더욱 흥미롭고 몰입감 있는 학습 경험으로 바뀌게 됩니다.

과학 국어 미술 사회 수학 영어 정보

활용 에듀테크 도구

AI 마타수학

MATA 마타수학

AI 마타수학은 AI 기반의 수학 학습 보조 도구로, 학생들에게 맞춤형 학습 경험을 제공하여 수학 이해도와 학습 효율을 높이는 데 도움을 줍니다. 학생 개개인의 학습 패턴과 성취도에 맞춰 학습 자료를 추천하고, 연습 문제를 제공하며, 피드백을 즉각적으로 제공하는 방식으로 학습을 지원합니다.

개인 맞춤형 학습 경로 제공합니다. AI 알고리즘을 통해 학생의 현재 수준과 약점을 파악하여 각 학생에게 적합한 학습 경로를 제안합니다. 이를 통해 학생들은 자신의 수준에 맞는 문제를 풀며 학습 목표에 더 효과적으로 도달할 수 있습니다.

학생이 문제를 풀면, AI는 즉각적인 피드백과 함께 문제 해설을 제공합니다. 이러한 피드백은 학생들이 잘못된 개념을 바로잡고 스스로 학습을 조정하는 데 도움을 줍니다. 어려움을 느끼는 문제에 대한 반복 연습도 가능해, 학습의 연속성을 유지할 수 있습니다.

학생의 학습 활동 데이터를 실시간으로 분석하여, 학습 속도, 문제 풀이 정확도, 오답 패턴 등을 기반으로 학습 진단을 제공합니다. 이러한 분석 자료는 학생뿐만 아니라 교사도 참고할 수 있어 맞춤형 지도를 지원할 수 있습니다.

마타수학은 게임 요소를 도입하여 학생들이 학습 과정에서 흥미를 잃지 않도록 돕습니다. 포인트, 배지, 레벨 시스템 등을 통해 학생들이 학습에 몰입하게 하고, 꾸준히 학습 동기를 유지하도록 유도합니다.

개별 학습자 수준에 맞는 문제를 제공하기 때문에 학습 격차 해소에도 유용합니다. 특히 기초 학력이 부족한 학생들에게는 필수 개념과 기본 문제부터 시작할 수 있어 기초를 탄탄히 다질 수 있습니다.

교사는 마타수학을 통해 학생의 학습 상황을 실시간으로 모니터링할 수 있으며, 학생별 학습 데이터를 바탕으로 개인 맞춤형 지도를 제공할 수 있습니다. 이를 통해 학생들의 학습 이해도를 높이고, 효율적인 수업 진행이 가능합니다.

AI 마타수학은 이러한 기능들을 통해 학생들의 수학 학습을 돕고, 학습 효율을 극대화할 수 있는 에듀테크 학습 보조 도구입니다.

과 학

국 어

미 술

사 회

수 학

영 어

정 보

공개 수업 지도안

임인혜 교사

주제	지오지브라 기하를 활용하여 삼각형의 외심으로 각자의 집에서 같은 거리에 있는 모임 장소 정하기

과목	수학	출판사	천재교육
학년	2학년	단원/차시	5단원 / 7차시 삼각형과 사각형의 성질

성취기준	[9수04-11] 삼각형의 외심과 내심의 성질을 이해하고 설명할 수 있다.
교수학습 활동 유형	■ 개념설명형(지식전달) ■ 의사결정형(토의토론) ■ 문제해결형(탐구, 프로젝트) ■ 직·간접체험형(실험, 실기) □ 놀이활동형
형성평가 활동 유형	■ 의사소통형(협업, 의견수렴 등) ■ 학습확인형(퀴즈 등) □ 포트폴리오형(프로젝트 등) □ 실험실습형(실기 포함)
활용도구	■ ebs math, 구글 지도, 패들렛, 지오지브라 기하, AI 마타수학
활용 콘텐츠	■ 영상, 이미지
온·오프 연계 형태	■ 온라인으로 수업을 지속하는 경우(온라인→온라인) ■ 온라인 수업 후 학생이 등교하는 경우(온라인→오프라인) ■ 등교수업 후 온라인 수업을 하는 경우(오프라인→온라인) ■ 오프라인으로 수업을 지속하는 경우(오프라인→오프라인)
기기환경	□ 교사 1기기(학생 기기 미활용) □ 모둠형 기기(학생 모둠별 1기기) ■ 학생 개인별 기기(학생 1인당 1기기) □ 기타

(해당 부분에 '■' 표시)

단계	수업 내용
<1차시> 수업 안내	▶ 수업 내용 - 삼각형의 외심의 필요성 알아보기 - 공학도구를 이용하여 삼각형의 외심을 작도하고 외심의 성질을 알아보기 - 삼각형의 모양에 따른 외심의 위치를 찾아보기 - 삼각형의 외심을 이용하여 각 조원의 집에서 거리가 같은 장소 찾아보기 ▶ 1차시 수업 주의 사항 - 학생들이 지오지브라의 기본 도구(점 찍기, 선 그리기, 수직 이등분선, 교점 찾기 등)를 충분히 이해하도록 수업 전 간단한 도구 사용법을 익히는 시간을 갖는다. - 학생들이 삼각형의 외심을 찾는 과정을 정확하게 따라 할 수 있도록 단계별로 명확하게 지시한다. - 삼각형의 모양을 바꾸어 가며 외심의 위치가 어떻게 달라지는지 실시간으로 관찰하게 하여 다양한 형태의 삼각형에서 외심이 어떻게 변하는지 경험하게 하고, 동적 변화를 관찰할 때 학생들이 단순히 결과만 보는 것이 아니라 왜 그런 변화가 일어나는지 생각해 보도록 유도한다. - 학생들이 작도 중 어려움을 겪을 때 즉각적인 피드백을 제공한다. - 학생들이 서로의 작업을 비교해 보고, 차이점을 대해 알아볼 수 있도록 학생 간 상호작용을 촉진한다.
도입	▶ 전시학습 확인 - 직각삼각형의 합동 조건 개념 정리 내용을 확인시킨다. - 이전 시간 AI 마타수학 과제를 확인하고 질문을 받는다.  < 심장의 특징, 순환 경로 복습> ▶ 학습 목표 안내 - 삼각형의 외심의 성질을 이해하고 설명할 수 있다. ▶ ebsmath의 '수막새를 복원하는 외심'을 보고 학습 동기 유발 - '수막새를 복원하는 외심'을 보며 알게 된 점 및 느낀점을 구글 패들렛에 제출을 안내한다. - 패들렛 게시판에 학생들의 감상평을 제시하며 원모양의 테두리를 복원하기 위해서 이용되는 삼각형의 외심의 필요성을 느낄 수 있도록 지도한다.

도입

중2 │ 삼각형의 외심과 내심

수막새를 복원하는 외심

<ebsmath '수막새를 복원하는 외심' 영상>　　　　　　　　　<패들렛>

▶ 삼각형의 세 변의 수직이등분선이 한 점에서 만남을 공학도구를 이용하여 직관적으로 확인
- 지오지브라 기하를 이용하여 삼각형의 세 변의 수직이등분선의 교점을 찾아보게 한다.

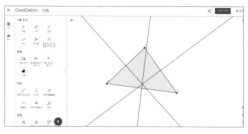

<지오지브라 기하를 이용하여
수직이등분선의 교점 찾기>

▶ 외접원을 공학도구를 이용하여 확인 및 학습요소 지도

전개 1
(탐구활동)

- $\triangle ABC$의 세 꼭짓점에 이르는 거리가 모두 같고 점O를 중심으로 하고 $\overline{OA}$를 반지름으로 하는 원을 그리면 이 원은 $\triangle ABC$의 세 꼭짓점을 모두 지남을 지도한다.
- 원O는 $\triangle ABC$에 **외접**하고 원O를 $\triangle ABC$에 **외접원**이라 함을 설명한다.
- 외접원의 중심 O를 $\triangle ABC$의 **외심**임을 설명한다.

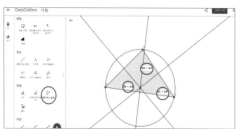

<지오지브라 기하를 이용하여 외심에서 삼각형의
세 꼭짓점에 이르는 거리가 모두 같음을 확인하기>

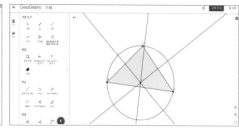

<지오지브라 기하를 이용하여 외접원 그리기>

▶ 삼각형의 외심의 성질 지도
- 지오지브라 기하를 이용하여 삼각형의 외심의 성질을 확인시킨다.
- 삼각형의 세 변의 수직이등분선은 한 점(외심)에서 만남을 확인시킨다.
- 외심에서 삼각형의 세 꼭짓점에 이르는 거리가 모두 같음을 확인시킨다.

▶ 삼각형의 모양에 따른 외심의 위치 지도
- 점을 하나 지정하여 각의 크기를 표시하게 한다.
- 지정한 점을 움직이며 각의 크기에 따라 삼각형의 모양을 바꾸어 가며 외심의 위치를 실시간으로
  관찰하게 하여 다양한 형태의 삼각형에서 외심의 위치가 어떻게 변하는지 확인시킨다.
- 예각삼각형, 직각삼각형, 둔각삼각형의 외심의 위치를 확인시킨다.

전개 1
(탐구활동)

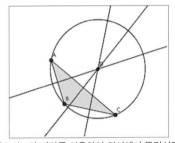 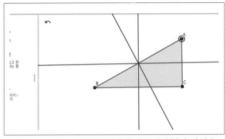

<지오지브라 기하를 이용하여 외심에서 둔각삼각형의   <지오지브라 기하를 이용하여 직각삼각형의 외심은
외심은 삼각형의 외부에 있음을 확인하기>   빗변 위에 있음을 확인하기>

- 다각형의 꼭짓점을 지나는 원이 존재할 수 있는가에 대한 발문을 통해 다각형의 외접원의 존재 여부
  도 생각해 보게 한다.

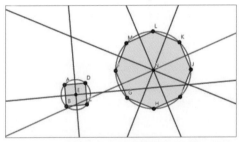

<지오지브라 기하를 이용하여 정다각형의 외접원 그리기>

▶ 삼각형의 외심의 성질을 활용하여 세 지점에서 같은 거리에 있는 장소를 찾아보는 활동
- 교과서 P.145를 읽고 구글 지도에 조원 각 친구의 집이 보이도록 캡처하도록 한다.
- 캡처한 구글 지도를 지오지브라 기하 배경 화면에 넣고 도형툴을 이용하여
  각 친구의 집을 좌표로 나타내고 연결하여 삼각형을 그리게 한다.

전개 2
(모둠학습)
- 각자의 집에서 같은 거리에 있는 모임 장소를 정하는 방법을 생각해 보게 한다.
- 모임 장소를 정하여 지오지브라 기하 화면을 패들렛에 과제 제출을 안내한다.
- 과제를 게시하고 발표하게 한다.
- 과제를 보고 외심의 성질과 학습 요소를 지도한다.

전개 2
(모둠학습)

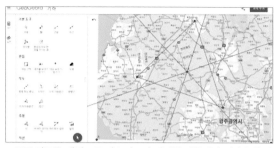

<구글 지도를 배경으로 지오지브라 기하를 이용하여 외심을 찾아
세 지점에서 같은 거리에 있는 장소를 찾아보기>

정리

▶ 학습내용정리
- 이번 시간에 학습한 내용을 정리한다.

▶ 평가 및 과제 제시
- AI 마타수학 평가 문제를 해결한다.
- 각 학생별 맞춤 AI 문제를 과제로 제시한다.

<AI마타수학 과제 화면>

▶ 차시 예고
- 삼각형의 외심의 성질을 삼각형의 합동을 이용하여 논리적으로 설명하기
- 삼각형의 외심의 성질을 활용한 문제 해결하기

과
학

국
어

미
술

사
회

수
학

영
어

정
보

학생 결과물

지오지브라 기하 활용

구글 지도 위에 지오지브라 기하를 활용하여 세 명의 조원 집에서
같은 거리에 있는 모임 장소를 정한 결과

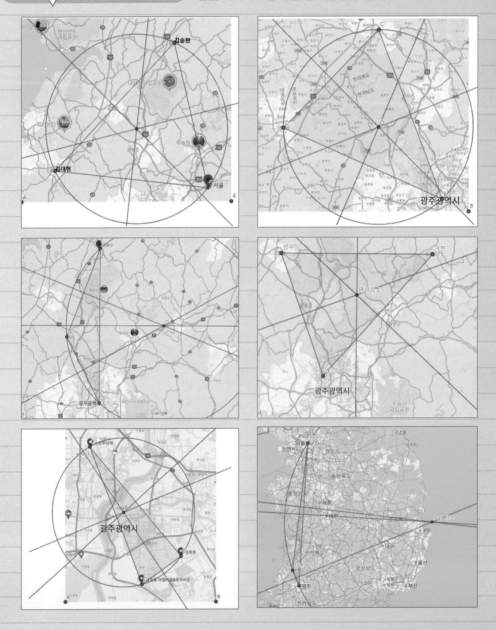

패들렛 활용

학생들이 ebsmath '수막새를 복원하는 외심'을 보고
느낀점을 작성한 패들렛 사진

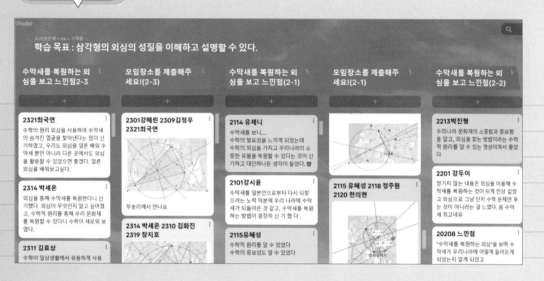

AI 마타수학 활용

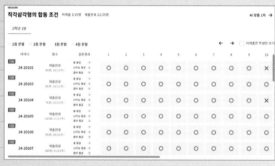
전시학습 AI 마타수학 과제 확인 대쉬보드

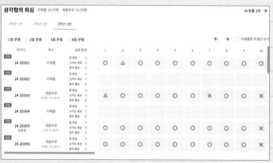
단원 마무리 AI 마타수학 과제 확인 대쉬보드

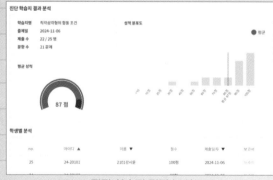
진단 학습지 결과 분석

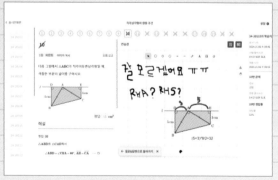
질문 실시간 첨삭 지도

조별 학습지

[외심의 성질]
삼각형의 외심을 이용하여 각 조원의 집에서 거리가 같은 장소 찾아보기
조 조장 2322 최민혁, 조원 2303 김상협, 2322 최민혁, 2323 이다현

2학년 3 반 22 번호 이름 최민혁

[1] 각 조원의 집 알아보기
조원1 : 이다현, 오남리
조원2 : 김상협, 광주광역시
조원3 : 최민혁, 광주광역시

[2] 각 조원의 집을 연결했을 때 어떤 삼각형이 만들어졌나요?
(예각삼각형 , 직각삼각형 , 둔각삼각형)

[2] 각자의 집에서 같은 거리에 있는 곳을 찾는 방법을 설명해보세요.
각자의 집에 점을 찍어 삼각형을 만든 후, 각 변의 수직이등분선을 그어 집과 각각 같은 거리에
있는 '외심'을 활용합니다.

[3] 약속장소를 찾아보세요. → 돈남로
저희는 2학년에 사는 다현이와 광주에 사는 민혁이와 상협이의 집을 꼭짓점으로 집과 이렇게
삼각형을 만들었습니다. 각 변의 수직이등분선의 교점을 찾아 약속장소를 정했습니다.

[4] 오늘 학습한 활동을 통해 새롭게 알게 된 점이나 부족한 점을 적어보세요.
오늘 알게 된 내용은 세 친구의 집에서 같은 거리에 있게 하는 친구들이 있을 연결한 삼각형이 예각 삼각형을
때마다 각각의 집에서의 거리가 같고 외심까지 가까워 각 점에 약속장소가 되었는데 저마 있을 같이
점을 연결해서 만든 삼각형이 둔각삼각형이 되는 외심이 집에서 각각 먼 곳이 약속장소가 되며
그러다 마음에 이 활동을 할 때에는 세점을 연결하며 예각 삼각형이 되는 친구들끼리 잘 하면 좋겠네.

[5] 오늘 학습한 내용 정리
외심을 이용해 우리에게 맞춤형 맞춤 방법을 했고, 지리정보와 외심을 그려 외심이 생성을 알아냈다.
그리고 저마다 집을 꼭짓점으로 한 삼각형이 되도록 찾아 약속장소를 정했습니다.

[외심의 성질]
삼각형의 외심을 이용하여 각 조원의 집에서 거리가 같은 장소 찾아보기
조 조장 이다현, 조원 2301 정한솔, 2313 박민찬, 2314 박연수

2학년 3 반 23 번호 이름 이다현

[1] 각 조원의 집 알아보기
조원1 : 김한솔 · 첨단
조원2 : 박민찬 · 광주
조원3 : 박연수 · 양산

[2] 각 조원의 집을 연결했을 때 어떤 삼각형이 만들어졌나요?
(예각삼각형 , 직각삼각형 , 둔각삼각형)

[2] 각자의 집에서 같은 거리에 있는 곳을 찾는 방법을 설명해보세요.
- 각자의 집을 각 꼭짓점으로 점을 우 삼각형을 만든다.
- 각각의 꼭짓점에 수직 이등분선을 그은후 외심을 찾는다.
- 외심으로 부터 각 꼭짓점의 거리가 같다.

[3] 약속장소를 찾아보세요.
광주~첨단 사이 도로 / 산수로

[4] 오늘 학습한 활동을 통해 새롭게 알게 된.점이나 부족한.점을 적어보세요.
지오지브라 기록을 통해 외심의 성질을 알게 되었다.
EBSMath와 영상을 통해 수업에는 집에 돌아와서 복습도 할 수있다는 것을 알게 되었다.
/여러 수학으로 어려운 점을 보완 할 수 있었다.

[5] 오늘 학습한 내용 정리
교점 : 삼각형의 꼭짓점의 수직 이등분선의 교점
외심 - 외심으로 부터 각 꼭짓점의 거리가 같다.
- 예각수 일때 외심이 삼각형 내부
- 직각수 일때 삼각형 빗변의 중점
- 둔각수 일 때 삼각형 외부

[외심의 성질]
삼각형의 외심을 이용하여 각 조원의 집에서 거리가 같은 장소 찾아보기
조 조장 권영원, 조원 최정민, 김상우, 북선호, 최시내

2학년 3 반 2 번호 이름 권영원

[1] 각 조원의 집 알아보기
조원1 : 광주 판치동
조원2 : 광주 문정동
조원3 : 수완 첨단 지구

[2] 각 조원의 집을 연결했을 때 어떤 삼각형이 만들어졌나요?
(예각삼각형 , 직각삼각형 , 둔각삼각형)

[2] 각자의 집에서 같은 거리에 있는 곳을 찾는 방법을 설명해보세요.
세 친구의 집을 삼각형의 꼭짓점으로 두어 삼각형을 그린다 그리고
각 변의 수직이등분선 그어 세꼭짓점과의 거리가
같은 외심을 찾고 그 위치는 맥도날드 광주 DT 점

[3] 약속장소를 찾아보세요.
맥도날드 광주 첨단 DT점

[4] 오늘 학습한 활동을 통해 새롭게 알게 된 점이나 부족한 점을 적어보세요.
파타수학과 조별활동을 통해 내용이 설명이 쉽고 자세해
잘 수 있었다.

[5] 오늘 학습한 내용 정리
파타수학과 지오지브라가기고 (조별 활동)

[외심의 성질]
삼각형의 외심을 이용하여 각 조원의 집에서 거리가 같은 장소 찾아보기
조 조장 김하나, 조원 김수빈, 김민경, 김광현

2학년 3 반 번호 이름

[1] 각 조원의 집 알아보기
조원1 : 광주
조원2 : 장성
조원3 : 광산

[2] 각 조원의 집을 연결했을 때 어떤 삼각형이 만들어졌나요?
(예각삼각형 , 직각삼각형 , 둔각삼각형)

[2] 각자의 집에서 같은 거리에 있는 곳을 찾는 방법을 설명해보세요.
각자 사는 곳에 점을 찍어 삼각형을 만들고, 각 변의수직 이등분선의
교점을 찾아 만난다.

[3] 약속장소를 찾아보세요.
금산여관 게스트하우스

[4] 오늘 학습한 활동을 통해 새롭게 알게 된 점이나 부족한 점을 적어보세요.
삼각형의 외심으로 정확한 거리로 나뉘는 약속장소를
찾을 수 없었다

[5] 오늘 학습한 내용 정리
삼각형의 외심 배우기, 지리지도와 기하를 사용하여 삼각형
외심의 성질을 알아보기, 삼각형 외심의 성질을 이용해
약속장소 정하기

교사 인터뷰

임인혜 교사

Q 에듀테크 도구를 활용한 수업을 하기 위해 어떤 준비를 하셨나요?

A 에듀테크 도구를 활용한 수업을 준비하기 위해 먼저 지오지브라 기하를 능숙하게 다룰 수 있도록 공부하고 연습했습니다. 또한, 교과 단원과 관련된 다양한 영상과 게임을 찾아보며 학생들이 흥미를 느끼고 참여할 수 있는 수업 자료를 준비했습니다.

Q ebsmath를 수업 시간에 어떻게 활용하였으며 어떤 효과가 있었나요?

A 다양한 수학 영상은 학습에 필요한 배경지식을 쉽게 설명하고, 수학이 실생활에서 어떻게 활용되는지 보여줌으로써 학생들이 수업에 흥미를 느끼게 하였습니다. 또한 ebsmath의 수학 게임들은 문제 풀이를 즐겁게 경험할 수 있게 해주며, 특히 반복이 필요한 연산 학습은 연산을 유창하게 할 수 있도록 도움을 주었습니다. 그리고 수학 게임은 레벨별로 난이도가 조정되므로 학습 수준에 따라 맞춤형 지도가 가능하여 기초학력이 부족한 학생들도 수학 실력을 향상할 기회가 되었습니다. 또한 이전 학년 과정을 재미있게 복습하는 데도 효과적이었습니다.

Q 삼각형의 외심을 지도할 때 지오지브라 기하를 어떻게 활용하였으며 어떤 효과가 있었나요?

A 지오지브라 기하를 활용하여 외심을 작도하고 외접원을 쉽게 그릴 수 있었고, 길이를 직접 측정하면서 외심의 성질을 확인하는 활동을 했습니다. 또한 친구들이 만든 다양한 형태의 삼각형 위의 외심을 비교해 보고, 꼭짓점을 이동하여 삼각형의 모양에 따른 외심의 위치를 직관적으로 관찰하였습니다. 이 과정에서 예각 삼각형, 직각 삼각형, 둔각 삼각형의 외심의 위치를 실시간으로 확인할 수 있었기 때문에 외심의 성질을 이해하는 데 더 효과적이었습니다. 또한 삼각형에서뿐만 아니라 다양한 다각형으로 확장하여 외심과 외접원을 탐구할 수도 있습니다.

Q 에듀테크를 활용한 수업 중 예상치 못한 결과가 나온 에피소드가 있었나요?

A 구글 지도에 지오지브라 기하를 활용하여 세 친구의 집으로 삼각형을 만들어 같은 거리에 있는 모임 장소를 찾는 과정에서 우리 학교가 자율중학교라는 특성 때문에 세 친구의 각 지역이 다르고 각이 매우 큰 둔각 삼각형이 되어서 외심의 위치가 바다 한가운데나 산이기 때문에 모임 장소에 갈 수 없다고 한 조들이 있었습니다. 그리고 한 학생은 각자의 집에서 같은 거리에 있는 가까운 모임 장소를 찾으려는 의도와는 달리 둔각 삼각형이 되어서 모임 장소가 세 친구 모두의 집에서 멀어지는 결과가 발생하여 다음부터는 세 점을 연결하여 예각 삼각형이 되는 친구들끼리 조를 편성하면 좋겠다고 발표하였던 에피소드가 있었습니다.

Q 에듀테크 활용으로 수학 수업이 무엇이 달라졌나요?

A 에듀테크를 활용한 수업 덕분에 수학 수업이 훨씬 더 활기차졌습니다. 학생들과의 실시간 피드백이 가능해졌고, 학생들의 흥미가 눈에 띄게 높아졌습니다. 또한, 직관적인 관찰을 통해 수학을 직접 경험해 볼 수 있어서 학습 효율이 더 높아진 것을 확인 할 수 있었습니다. 그리고 실생활 속 문제 해결 과정을 실험하고 관찰하는 경험을 통해 학생들의 문제 해결 능력 성장에 도움이 되고, 수학의 중요성과 필요성을 더욱 가까이 느낄 수 있는 수학 수업이 되었습니다.

2학년 최선유

Q 에듀테크를 활용한 수학 수업 중 가장 흥미롭거나 기억에 남았던 에피소드는 무엇인가요?
A 구글지도 위에 세 친구들의 집을 세 점으로 하여 같은 거리에 있는 점을 찾아 모임장소로 정하는 활동에서 외심을 찾았더니 모임장소가 바다 한가운데가 되었습니다. 그래서 모임장소를 정할 수 없다고 발표를 했고 둔각삼각형의 각이 너무 커지니 외심의 위치가 삼각형으로부터 너무 멀어진다는 것을 알게 되었던 에피소드가 있습니다.

Q 에듀테크를 활용한 수학 수업이 개념 이해에 어떤 도움이 되었나요?
A 수학 수업을 교과 이론 중심의 문제 풀이 수업만을 들어왔는데요, 제가 직접 참여하는 에듀테크 수업은 다양한 개념과 정리들을 직접 확인하고 추론해 볼 수 있었습니다. 또한 전문적인 기하 프로그램을 활용하며 삼각형의 외심에서 다각형의 외심까지 개념을 확장하여 심화 내용을 이해할 수 있었습니다.

Q 에듀테크를 활용한 수학 수업의 가장 큰 장점은 무엇이라고 생각하나요?
A 에듀테크의 활용 수업의 가장 큰 장점은 자기 주도적 학습이라고 생각합니다. 선생님의 강의식 수업은 자주적 학습 태도를 이끌어 내기 어려웠습니다. 반면, 내가 원하는 도형을 직접 만들고 분석하는 등의 활동을 통해 학습 과정에 주도적으로 참여할 수 있게 되면서 흥미를 더욱 느끼고 모든 학습 과정이 저 자신을 중심으로 이루어졌기 때문에 나의 수준을 점검하고 평가할 수 있었습니다.

Q 다른 친구들에게도 에듀테크를 활용한 수학 수업을 추천하고 싶은가요? 그렇다면 그 이유는 무엇인가요?
A 에듀테크를 활용한 수업을 추천하고 싶습니다. 이해도 되지 않는 공식을 암기하여 계속해서 문제 풀이만 하던 수학 공부가 에듀테크 프로그램을 이용하여 수식을 시각화하고 활동 중심 수업을 통해 실생활에 적용되는 수학의 원리를 알게 되어 수학 공부에 더욱 흥미를 높일 수 있기 때문입니다.

2학년 김성우

Q 에듀테크를 활용한 수학 수업 중 가장 흥미롭거나 기억에 남았던 에피소드는 무엇인가요?
A 외심을 작도할 때 각 변의 수직 이등분선을 작도하여야 하는데 도구를 잘못 선택하여 각 꼭짓점으로부터 변으로 이어지는 수선을 작도하여 친구와 점이 다른 것을 보고 선생님께 질문하였던 적이 있습니다. 저의 실수로 선생님께서 세 수선의 교점인 수심에 대해 설명해 주셨고 교과서의 내용 외의 수학 내용을 배우게 되어 뿌듯했던 에피소드가 있습니다.

Q 에듀테크를 활용하면서 수학 수업이 어떻게 달라졌나요?
A 특히 도형 단원에서 '지오지브라 기하'와 같은 프로그램을 활용하여 직접 도형을 작도해보며 드래그해서 도형을 변화시켜보고 실시간으로 점의 이동을 살펴보았더니 도형의 성질을 이해하는데 많은 도움이 되었습니다. 그리고 'AI마타 수학'의 AI가 저에게 부족한 부분을 알려주고 맞춤 문제를 내주어 더욱 능동적인 수학 수업이 이루어졌습니다.

Q 에듀테크를 활용한 수학 수업의 가장 큰 장점은 무엇이라고 생각하나요?
A 에듀테크 수학 수업은 머릿속으로만 생각하던 복잡하고 표현하기 어려웠던 수학적 사고를 표현해내면서 다양한 수학적 사고능력을 키울 수 있는 것이 장점이라고 생각합니다.

Q 다른 친구들에게도 에듀테크를 활용한 수학 수업을 추천하고 싶은가요? 그렇다면 그 이유는 무엇인가요?
A 에듀테크 수학 수업을 추천하고 싶다. 저의 부족한 부분을 AI가 맞춤 문제를 내주고, 표현하기 어려웠던 도형들과 수학 게임 등을 직접 해보게 된다면 수학 능력을 키울 수 있을 것으로 생각하기 때문입니다.

2학년 김선재

Q 에듀테크를 활용한 수학 수업을 처음 들었을 때 어떤 느낌이었나요?
A 처음 에듀테크 수학 수업을 들었을 때 교과서로 학습할 때보다 수업의 내용을 더 재미있게 이해할 수 있었고, 전보다 친구들의 참여도와 집중도가 높아지는 느낌이 들었습니다.

Q 에듀테크를 활용한 수학 수업 중 가장 흥미롭거나 기억에 남았던 에피소드는 무엇인가요?
A '지오지브라'라는 프로그램을 통해 삼각형의 종류에 따라 바뀌는 외심과 내심의 위치를 확인했던 수업이 가장 기억에 남습니다. 교과서 속 사진으로 확인하는 것보다 '지오지브라' 프로그램에 직접 적용하고 조작하면서 확인했던 것이 이 개념을 이해하는 것에 도움을 주었던 것 같습니다.

Q 에듀테크를 활용한 수학 수업이 개념 이해에 어떤 도움이 되었나요?
A ebsmath의 도형의 닮음 찾기 게임을 통해 닮음 조건을 정확하게 알게 되었습니다. 팀별 경쟁 때문에 이기기 위해서 모든 아이들이 적극적으로 빠르게 닮음 개념을 이해 할 수 있었습니다. 흥미를 가지고 능동적으로 수업에 참여할 수 있었기에 전보다는 수학 개념이 확실하게 이해되고 더 오래 머릿속에 남는 것 같습니다..

Q 에듀테크를 활용하면서 수학 수업이 어떻게 달라졌나요?
A 에듀테크를 활용하면서 수학 수업 시간이 전보다 더 활기차진 것 같습니다. 친구들의 수업 참여도가 더 올라갔고 집중도 또한 올라가 학생들이 수업에 쉽게 참여할 수 있는 분위기가 형성된 것 같습니다.

Q 에듀테크를 활용한 수학 수업의 가장 큰 장점은 무엇이라고 생각하나요?
A 학생이 능동적으로 학습할 수 있다는 점이 에듀테크 수업의 가장 큰 장점이라고 생각합니다. '지오지브라', '마타수학' 등 학생이 직접 프로그램을 이용하여 시각적으로 학습하는 것이 더 직관적으로 이해할 수 있고 효과적이라 생각하기 때문입니다.

수업 후기 — 영선중 2학년

● 수학에서 도형과 관련된 내용을 별로 좋아하지 않았는데 이번 수업에서 에듀테크를 활용해 외심, 내심, 무게중심에 대해 쉽게 알 수 있었다. 지오지브라 기하를 통해 직접 삼각형에 따른 점의 위치의 이유도 알아보니 더 인상 깊었다. 또한 평소에도 마타수학이나 ebsmath 게임 등 다양한 에듀테크를 통해 교과서 수학 원리를 알아보며 흥미롭게 배울 수 있었다. 다음에도 에듀테크를 활용해 수업했으면 좋겠다. ——(박O온학생)

● 지오지브라 프로그램을 통해 직접 점의 위치를 실시간으로 확인하고 조작해 보면서, 수학 개념을 직관적으로 이해할 수 있었던 것이 큰 장점이었다. 특히, 삼각형의 형태나 크기가 바뀔 때마다 외심, 내심, 무게중심이 어떻게 달라지는지를 직접 관찰할 수 있어 수업 내용에 대한 이해도가 높아졌다는 느낌을 받았다. 이 과정에서 단순한 이론 공부를 넘어 수학적 원리와 구조에 대한 감각을 키울 수 있었다. 또한 마타수학 프로그램을 통하여 내가 무엇을 알고 무엇이 부족한지를 알 수 있었고, 틀린 문제를 AI가 인지하여 계속해서 출제되어서 부족한 개념이나 문제 유형을 효율적으로 보충할 수 있었다. 이런 에듀테크 수업이 더욱 많은 과목으로 확대되면 좋을 것 같다.
——(박O현학생)

● 에듀테크를 활용하여 수업하니 저에게 맞는 개별학습이 가능했습니다. 그리고 마타수학을 활용하여 잘 모르는 부분의 문제를 계속 접하는 것이 가능해서 자기주도 학습을 할 수 있었습니다. 또한 교과서가 아닌 게임 같은 재미있는 앱도 사용하여 수학을 배우다 보니 어렵고 재미없다고 생각했던 수학이 재미있어지고 이해도 잘 되었습니다.
——(문O원학생)

● 일반수업보다 에듀테크 수업을 진행해서 이해가 잘되고 따라가기 쉬웠으며 수학을 쉽게 배울 수 있는 좋은 경험이었던 것 같다. 다른 학교에도 하루빨리 에듀테크 수업을 도입시켜서 다른 학생들에게도 쉽게 수학을 접할 수 있는 경험이 생겼으면 좋겠다. 에듀테크 수업의 비중이 컸으면 좋겠고 수학이 아닌 다른 과목에 에듀테크를 활용해도 수업의 이해와 재미가 올라갈 것 같다. 에듀테크를 활용한 수업이 전국에 활성화와 보급이 실행되었으면 좋겠다.
——(권O원학생)

● 도형에 관한 이해가 부족했는데, 이론으로 외우는 것 말고 직접 삼각형의 외심, 내심, 무게중심을 작도해 보고 그 특성을 비교하며 더욱 쉽게 내용을 이해할 수 있었다. EBSMath의 다양한 영상을 보고 어려웠던 내용도 쉽게 풀어서 설명해 주니 수학상식이 풍부해지는 것을 느꼈다. 기억에 남는 활동 중에서 닮음 찾기 카드 게임이 있었는데 수학 시간에 개인 디지털 기기를 사용하여 게임을 하며 수학을 배우는 것이 처음이어서 신기했다. 추가로 마타수학을 활용하여 자신이 틀린 문제와 비슷한 유사 문제를 생성하여 부족한 점을 보완해 주는 것이 좋았다.
——(이O운학생)

과학
국어
미술
사회
수학
영어

● 책으로 했으면 그냥 넘어갔을 것들의 지오지브라로 직접 그려보니 왜 이렇게 되는지 스스로 생각할 수 있었고, 방법도 간단해서 수업할 때마다 즐거웠다. 그 외에도 EBSmath를 통해 여러 수학에 관련된 게임을 할 수 있어서 좋았다. ──(강O린학생)

● 보통 학생들에게 가장 어려운 과목을 묻는다면 너무 당연하게도 수학이 먼저 나오는데, AI 마타수학을 이용한 공부는 교과서나 문제집같이 형식적인 공부가 아니라 내 맞춤의 실시간으로 문제를 만들어 주니 모르는 부분은 넘어가 버렸던 나쁜 습관을 고칠 수 있었다. 비유하자면, 물이 차오르는 배에 나무판자로 구멍을 막은 곳만 계속 막으며 정작 아래에서 밀려오는 물은 못 본 체하고 있던 내게 이 AI 마타수학은 물이 차오르는 긴박한 모든 구멍을 막을 수 있게 해주었다. 또 지오지브라에서 했던 삼각형의 내심, 외심, 무게중심 수업은 단지 공식만 지루하게 외웠던 내게 그 원리를 깨닫게 하는 혁신적인 수업이었다.
──(박OO더 학생)

● 에듀테크 수업에서 좋았던 점은 지오지브라 기하를 사용해서 훨씬 더 재밌게 활동할 수 있었다. 그리고 수업 중간에 EBS 영상을 보며 더 이해가 잘 됐던 것 같고 아무래도 직접 움직여 보고 직접 그려보는 등 내가 '직접' 하니까 교과서만 보며 이해해야 했던 1학년 때 보다 훨씬 잘 이해가 됐던 것 같다. 또 수학과 관련된 여러 게임도 하며 즐거운 수업 시간을 보냈던 것 같다. 또한 마타수학 이라는 사

이트에서 문제를 풀며 이해한 것들을 쉽고 반복적으로 다질 수 있었고, 만약 문제를 틀린다면 그것의 응용문제를 AI가 계속 출제해 주어 보충할 수 있었다. 그러니 앞으로도 이런 형식의 수업을 계속, 많이 했으면 좋겠다.
──(김O윤학생)

● 지오지브라 기하와 같이 쉽게 작도할 수 있게 만들어진 앱을 통해 어렵기만 했던 수학에 더욱 쉽고, 재밌게 다가갈 기회였고, 수학에 흥미가 생긴 것 같다. 또한 수학책으로 볼 땐 이해가 잘 가지 않았던 외심, 내심, 무게중심들도 지오지브라 기하를 통해 직접 만들면서 체험하니 더 이해가 잘되었을뿐더러 집중까지 하게 되어 학습 능력 향상에 도움이 되었다. 그리고 ebs 영상을 마지막으로 시청하면서 정삼각형, 이등변 삼각형일 때의 내심, 외심, 무게중심의 위치 변화라는 보충 영상을 시청하면서 개념이 정리가 되었고, 내용이 흥미로웠다. 그리고 마타수학을 풀면서 지금까지 배운 내용에 대해서 다시 생각할 수 있게 되었고, 계속해서 에듀테크를 활용한 수학 수업을 하고 싶다.
──(복O호학생)

● 원래 수학 시간에는 이론을 먼저 배우고, 그 이론을 바탕으로 문제를 직접 풀어보는 형식의 수업을 들었다. 이론을 배우고 문제를 풀어봄으로 인해 이론, 정리 등을 내 것으로 만들 수 있었지만, 이론을 배운 직후 '문제를 푸는 과정에서 어려움'에 직면하게 되었다. 이론을 배우고, 바로 처음 문제를 푸는 과정에서 예습하지 않는다면 문제를 풀

고 배운 내용을 내 것으로 만들기 어렵다고 생각했었다. 그러다가 2학년 2학기에 들어서며 몇몇 과목에서 컴퓨터, 노트북 등을 활용하는 '에듀테크' 수업을 받게 되었다. 수학 수업을 들을 때는 'GeoGebra 기하' 등의 웹 프로그램을 활용해서 직접 무게중심, 외심, 내심 등의 배운 내용들을 웹상에서 구현, 실현하고, 그러한 경험을 바탕으로 학습 내용을 활용해서 학습 내용을 먼저 내 것으로 만든 다음 교과서의 문제를 풀었다. 이미 내 것이 된 내용의 문제를 풀어보니 전보다 훨씬 쉽게 문제를 풀 수 있었고, 기초를 다진 상태에서 문제까지 풀게 되어 완벽하게 내 것으로 만들고 내 것이 된 내용들을 능숙하게 활용할 수 있게 되었다. 이에 그치지 않고, 'EBS MATH' 사이트에서 경험한 수학 게임은 수학 학습을 더욱 즐겁게 만들어줘 지치지 않고 수학을 배울 수 있게 해주었고, 같은 사이트에서 시청한 영상들은 아직 이해되지 않은 부분들을 영상 매체의 장점을 살려 쉽게 이해 시켜주었고, 내가 활용할 수 있는 내용을 영상으로 한 번 더 시청함으로써 활용 과정에서 일어나는 실수를 줄이며 에듀테크 수업과 함께 학습 내용을 더 능숙하게, 완벽하게 활용할 수 있게 되었다. 이와 같은 장점을 직접 경험해본 에듀테크 경험자로서 에듀테크는 학습에 있어서 효율적이고 크게 도움이 되는 수업 활용도구라고 생각한다. ——(김O현학생)

● 도형 단원은 칠판으로 하는 판서형 수업은 한계가 있기 마련인데 에듀테크 수업을 함으로써 암기로 푸는 주입식에서 한 걸음 물러나 원리를 이해할 수 있어 좋았다. 수학은 암기가 아닌 이해라고는 하지만 교실에 앉아 문제를 푸는 학생의 경우 문제의 형식이 비슷한 유형으로 나오기 때문에 암기하는 경우가 있다. 이런 학생들은 나중에 다른 유형의 문제 앞에 무너지게 되는데 에듀테크 수업으로 수학의 본질인 이해에 더 다가갈 수 있어서 좋았다.
——(이O빈학생)

● 백문이 불여일견이라는 말이 있다. 수학도 마찬가지라고 생각한다. 수학을 배우는 방법은 이론을 배우고 막연히 외우는 것이 아니라 직접 증명하고 시도해 보고 추론하는 것이다. 그런 의미에서, 에듀테크를 통한 기하 수업은 매우 효과 높고 질 좋은 교육이었다고 생각한다. 도형을 배

울 때는 그저 이러한 성질이 있고 그래서 저러한 사실을 알 수 있다, 이렇게 배우는 것이 아니라 직접 그려보고, 작도해 보고, 재 보는 과정을 반복하는 것이 가장 효과가 좋고 기억에 오래 남는다. 에듀테크 시스템 중 '지오지브라 기하'는 우리가 직접 도형을 그리고, 작도할 수 있었다. 그것도 컴퓨터이니 그리는 것보다 훨씬 더 정확하고 편리했다. 직접 컴퍼스로 그려보며 공부하다가 컴퓨터로 손쉽게 여러 도형을 그려보니 더 깔끔하고 이해가 쉬웠다. 확실히 이런 도구들을 수업 시간에 사용해 보니 보다 직관적으로 개념을 이해할 수 있었다. 또한 'EBS math'는 재미있는 영상과 미니게임을 통해 딱딱하고 어려운 수학이 아니라 말랑말랑하고 재미있는 수학을 체험할 기회였다. 영상의 스토리가 흥미로운 것은 둘째 치고, 영상 자료는 무언가 새로운 개념을 배우고 받아들이는 데에 큰 도움이 되었다. 화면상에서 도형들이 움직이면서 화려한 모습을 보여주는 것은 딱딱한 글자들보다 훨씬 더 유동적이고 효과적이었다. 예를 들어서 여러 가지 사각형들의 특성을 알려주는 영상에서는 직사각형, 마름모, 평행사변형 등의 정의와 성질 등을 굳이 외우지 않고도 이해하여 활용할 수 있었다. 마지막으로 인공지능의 코칭을 받는 수학 문제 사이트 '마타수학'은 스스로 수학 공부하는 데에는 참 좋았다. 여러 가지 유형의 문제들을 풀어보고 틀린 문제는 풀이 과정을 따라 안내해 주면서 단순히 답지의 풀이를 보는 것이 아니라 풀이 과정을 알려주며 간단한 계산을 직접 해보고, 그런 과정을 통해 풀이법을 깨닫고 해볼 수 있었다. 또한 틀린 문제와 비슷한 유형의 문제들을 반복적으로 다시 풀어봄으로써 그 문제를 완벽하게 익힐 수 있었다. 에듀테크를 활용한 수학 학습은 학교 교육의 실용성에도 도움이 될 뿐만 아니라 수학이라는 학문 자체의 목적에도 매우 부합한다고 생각한다. 수학은 자신이 직접 탐구하고 알아내고, 그것을 통해서 연구하는 학문이다. 그런 의미에서 스스로 새로운 사실을 알아가도록 돕는 에듀테크 시스템, 특히 지오지브라 기하나 마타수학 등은 우리의 수학 능력 향상에도 정말 큰 도움이 된다고 생각한다. 앞으로 더 발전된 에듀테크 시스템이 수업에 긍정적인 영향을 끼치기를 원한다.
——(차O경학생)

에듀테크 기반으로 영어 학습의
실생활 활용성 증진과 의사소통 역량 강화

영어 교육의 목표 전환

2022년 개정 영어과 교육과정은 급변하는 사회 변화에 부응하여 '영어 의사소통 역량'을 핵심 목표로 한다. 이 역량은 단순한 언어 습득을 넘어, 영어를 통한 정보 수집, 공동체 문제 해결, 창의적인 자기 표현, 그리고 영어 사용자와의 협력적 상호작용을 포함한다. 이는 학생들이 글로벌 사회에서 효과적으로 소통하고 다양한 문화적 맥락을 이해할 수 있도록 돕는데 중점을 두고 있다. 이러한 목표는 학생들이 영어를 단순한 학습의 도구로 여기지 않고, 실제 생활 속에서 활용할 수 있는 유용한 수단으로 인식하도록 유도한다.

에듀테크의 중요성 증가

이러한 목표를 달성하기 위해 디지털 시대에 적합한 교육 기술 도구의 통합이 점점 더 강조되고 있다. 오늘날 학생들은 기술 중심의 세계에서 자라며, 디지털 매체를 통해 더욱 편안하게 학습하는 경향이 있다. 에듀테크는 그들에게 적절하고 매력적인 학습 경험을 제공함으로써, 학습의 흥미를 높이고 능동적인 참여를 끌어낸다. 이러한 기술은 학생들이 자신만의 속도와 방식으로 학습할 기회를 제공하며, 이는 곧 학습의 효과성을 극대화하는 데 이바지한다.

다양한 학습 스타일 지원

에듀테크는 학생들이 개인의 필요와 선호도에 맞춰 시각적, 청각적, 대화형 방법 등 다양한 스타일을 통해 영어를 배울 수 있도록 지원한다. 이러한 다양화는 교육의 유연성과 포용성을 촉진하며, 모든 학생이 자신의 학습 스타일에 맞는 최적의 방법으로 영어를 배울 수 있도록 돕는다. 이는 학습자가 더욱 자율적으로 학습에 참여하게 만들고, 그들의 흥미와 동기를 유지하는 데 중요한 역할을 한다.

학습 과정 간소화

에듀테크 도구를 사용하면 학습 과정이 효과적이고 효율적으로 향상된다. 온라인 플랫폼, 대화형 활동, 비디오 콘텐츠 등은 학생들의 이해도를 높이고 동기를 부여하는 데 이바지한다. 또한 즉각적인 피드백과 개인화된 학습 경로 제공과 같은 기능은 학습 경험을 보다 맞춤화하고 학습의 효과를 높인다. 이는 학생들이 자신의 학습 진행 상황을 명확히 파악하고, 필요에 따라 조정할 기회를 제공한다.

교사의 역할 강화

에듀테크 도구는 교사에게도 여러 가지 이점을 제공한다. 에듀테크 도구 사용을 통해 교사의 창의적인 교육 접근 방식이 가능해지고, 자료 관리가 간소화된다. 디지털 평가 도구는 학생의 진행 상황을 모니터링하고 개별화된 학습자료를 제공하여 교육의 질을 향상하는 데 도움을 준다. 따라서 교육 기술은 교사가 학생들에게 더 효율적이고 영향력 있는 학습 경험을 제공할 수 있도록 지원하며, 교사와 학생 간의 상호작용을 더욱 풍부하게 만든다.

Leonardo AI(레오나르도 AI)

활용 에듀테크 도구

Leonardo AI는 이미지 생성과 관련된 AI 도구로, 사용자가 텍스트로 입력한 설명을 바탕으로 다양한 시각적 콘텐츠를 생성하는 기능이 있다. 이 도구는 예술적 스타일과 다양한 시각적 요소를 결합하여 고유한 이미지를 만들어내며, 사용자들이 창의적인 작업을 수행하는 데 도움을 준다.

Leonardo AI는 직관적인 인터페이스를 제공하여 사용자가 쉽게 접근하고 활용할 수 있도록 설계되었고 개인 맞춤형 학습을 가능하게 한다. 학생들은 각자의 학습 속도와 스타일에 맞춰 콘텐츠를 조정할 수 있으며, 이는 학습의 효율성을 극대화한다. AI의 분석 기능을 통해 학생들은 자신의 강점과 약점을 파악하고, 필요한 영역을 집중적으로 개선할 기회를 얻는다. 이러한 맞춤형 접근은 학생들이 스스로 학습의 주체가 되는 데 큰 도움이 된다.

또한 Leonardo AI는 영어 수업에서 학생들이 어휘와 표현을 효과적으로 학습할 수 있도록 돕는 혁신적인 도구가 될 수 있다. 어휘 학습, 프로젝트 발표 등에서 이미지 생성 기능을 통해 학습의 흥미를 높이고, 창의적인 사고를 촉진할 수 있고, 특히 이미지 연상 암기법을 활용하여 학생들은 새로운 어휘와 표현을 시각적으로 연관 지어 기억할 수 있다. 이 방법은 학생들에게 더 직관적이고 기억에 남는 학습 경험을 제공하며, 영어 학습에 대한 흥미를 유발한다. 학생들은 이미지와 함께 어휘를 학습함으로써, 추상적인 개념을 더욱 쉽게 이해하고 기억할 수 있다.

마지막으로, Leonardo AI는 협업 학습의 기회를 제공하여 학생들이 서로의 아이디어를 공유하고 소통할 수 있도록 돕는다. 모둠 활동에서 학생들은 AI가 제안하는 이미지와 어휘를 기반으로 함께 작업하며, 창의적인 결과물을 만들어낸다. 이러한 과정은 학생들 간의 협력과 소통 능력을 키우는 데 이바지하며, 영어를 사용하는 실제 상황에서도 자신감을 느끼도록 한다. 종합적으로 볼 때, Leonardo AI는 현대 영어 교육에서 학생들의 어휘와 표현 학습을 더욱 효과적으로 지원하며, 학습 결과를 시각적으로 표현하여 학습에 도움을 주는 혁신적인 도구이다.

Canva(캔바)

Canva(캔바)를 수업에 활용하는 것은 학생들이 최신 기술을 통해 자기 아이디어를 시각적으로 표현할 기회를 제공한다. 이러한 접근은 디지털 문해력과 언어 실력을 동시에 향상하며, 디지털 시대의 요구에 부응하는 교육 방식으로 자리 잡고 있다. 학생들은 디자인 기술과 언어적 표현을 함께 경험하면서 두 영역에서의 능력을 강화할 수 있다.

Canva(캔바)를 통해 학생들은 포스터 제작이나 프레젠테이션을 수행하며 자신의 이야기를 시각적으로 풍부하게 표현하는 기회를 갖는다. 이 과정에서 학생들은 자기 생각을 창의적으로 표현하는 방법을 배우게 되며, 이는 단순한 언어 학습을 넘어서 학생들의 창의력과 표현력을 종합적으로 발전시키는 데 이바지한다.

또한 Canva(캔바)의 협업 기능은 여러 명의 학생이 함께 작업하고 아이디어를 공유할 수 있도록 도와준다. 모둠 프로젝트나 활동에서 학생들은 실시간으로 작업 내용을 교환하고 피드백을 주고받으며, 협력과 소통을 촉진할 수 있다. 교사는 학생들의 작업을 손쉽게 모니터링하고 평가할 수 있어 학습 과정을 개선하는 데 유용하다.

결론적으로, Canva(캔바)를 활용한 수업은 학습 과정을 더욱 흥미롭게 만들고, 자기 생각을 적극적으로 표현할 수 있게 한다. 학생들은 자신들의 작품을 디지털 형태로 만들어 내며, 이 과정에서 재미와 성취감을 느끼게 된다. 이러한 활동은 학생들의 학습에 관한 관심을 유지하고 언어 학습에 대한 긍정적인 태도를 장려한다. 2022 개정 교육과정은 이러한 디지털 및 인공지능 리터러시의 중요성을 강조하며, 학생들의 언어 학습 성장을 지원하기 위해 디지털 도구의 활용을 권장하고 있다.

<table>
<tr><td rowspan="3">공개
수업
지도안

이지은 교사</td><td>주제</td><td colspan="4">에듀테크를 활용한 관용구(Idioms) 학습</td></tr>
</table>

	주제	에듀테크를 활용한 관용구(Idioms) 학습		
	과목	영어	출판사	천재교육(이재영)
	학년	2학년	단원/차시	Lesson 5. Understanding Others (6차시)
	성취기준	[9영02-03] 일상생활에 관한 그림, 사진, 또는 도표에 대해 설명할 수 있다. [9영03-02] 일상생활이나 일반적 대상이나 주제에 관한 글을 읽고 세부 정보를 파악할 수 있다. [9영03-03] 일상생활이나 친숙한 일반적 주제의 그림, 사진, 또는 도표에 관한 글을 읽고 세부 정보를 파악할 수 있다. [9영04-03] 일상생활에 관한 그림, 사진, 또는 도표 등을 설명하는 문장을 쓸 수 있다.		
	교수학습 활동 유형	■ 개념설명형(지식전달) □ 의사결정형(토의토론) ■ 문제해결형(탐구, 프로젝트) ■ 직·간접체험형(실험, 실기) □ 놀이활동형		
	형성평가 활동 유형	■ 의사소통형(협업, 의견수렴 등) ■ 학습확인형(퀴즈 등) ■ 포트폴리오형(프로젝트 등) ■ 실험실습형(실기 포함)		
	활용도구	■ Leonardo AI(레오나르도 AI), Canva(캔바), Mentimeter(멘티미터)		
	활용 콘텐츠	■ Leonardo AI images, Wrtn images, Google Images, Giphy		
	온·오프 연계 형태	■ 온라인으로 수업을 지속하는 경우(온라인→온라인) ■ 온라인 수업 후 학생이 등교하는 경우(온라인→오프라인) ■ 등교수업 후 온라인 수업을 하는 경우(오프라인→온라인) ■ 오프라인으로 수업을 지속하는 경우(오프라인→오프라인)		
	기기환경	□ 교사 1기기(학생 기기 미활용) □ 모둠형 기기(학생 모둠별 1기기) ■ 학생 개인별 기기(학생 1인당 1기기) : 노트북 □ 기타		

(해당 부분에 '■' 표시)

단계	수업 내용

<table>
<tr><td rowspan="2"><6차시>
수업 안내</td><td>

▶ 수업 내용
- 관용구(Idioms)에 대해 이해하고 쓰임을 알 수 있다.
- 관용구를 학습하고, 각 관용구에 맞는 이미지를 생성할 수 있다.
- 모둠별 협업으로 조사한 관용구와 이와 관련하여 생성한 이미지에 대한 의견을 교환할 수 있다.

</td></tr>
<tr><td>

▶ 6차시 수업 주의 사항
- 관용구를 학습하고 관련 지식을 학습하는 데 도움이 되는 이미지 활용 수업을 통해 창의적 사고와 의사소통 능력을 향상할 수 있도록 지도한다.
- 에듀테크를 효과적으로 활용하여 학습 목표를 달성할 수 있게 지도하며, 단순한 흥미 위주의 수업이 아니라 의사소통 능력을 함양하는 균형 잡힌 수업이 되도록 유의하며 진행한다.
- 에듀테크 도구를 활용할 때 수업의 흐름을 방해하지 않도록 사용 규칙을 정하고 제시한다.

</td></tr>
<tr><td>도입</td><td>

▶ 전시학습 확인
- 지난 시간에 학습한 내용을 확인한다.
- 퀴즈 형식으로 주의를 환기하고 수업에 집중할 수 있도록 안내한다.

▶ 동기 유발
- "Break a leg", "A piece of cake"와 같은 익숙한 관용구를 예시로 제시하고, 학생들에게 의미를 유추해 보도록 유도한다.
- 외국어를 학습할 때 관용구를 배우는 것이 왜 중요한지 생각해보고, 그 필요성을 살펴본다.

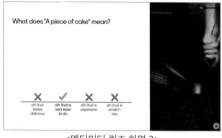

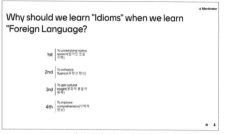

</td></tr>
</table>

▶ 관용구 설명
- 관용구에 대한 설명과 교사가 제작한 이미지를 보여준다.
- 동물, 과일, 신체 부위 등과 관련한 많은 관용구가 있음을 안내한다.

Animal Related Idioms | English Idioms Similar to Korean Idioms

<교사가 만든 관용구를 나타낸 이미지를 통한 흥미 유발>
- 관용구를 설명할 때 교사가 제작한 이미지를 제시하며 학생들의 흥미를 유발한다.
- 학습한 관용구에 알맞은 이미지 제작을 안내하며 이미지 연상 암기법을 통한 효율적인 학습 방법을 안내한다.
- 해당 관용구의 이미지 제작 및 탐구과정을 통해 창의적 사고 능력과 의사소통 능력을 키울 수 있음을 제시한다.

전개 1
(학습 확인)

Crying Crocodile Tears
교사가 만든 (관용구)Idioms 제시

The Bee's Knees
교사가 만든 (관용구)Idioms 제시

▶ Leonardo AI(레오나르도 AI)에서 이미지 제작하기
- Leonardo AI(레오나르도 AI)에서 이미지 만들기 기능 및 방법을 설명한다.

<개별활동>
- 수업 시간에 학습한 관용구를 선택하고 관련 이미지를 만들어 Canva에서 실시간으로 공유하도록 한다.
- 학생들의 공유한 내용을 실시간으로 확인하고 피드백을 제공한다.

as sick as a dog
학생이 작성한 이미지 1

I smell a rat
학생이 작성한 이미지 2

전개 1 (학습 확인)	<모둠활동> - 모둠별로 신체 부위와 관련한 관용구를 조사하고 관련 이미지를 생성하게 한다. - 모둠원이 관용구를 학습하고 Canva를 사용해 협업하여 발표 자료를 제작하도록 안내한다. - 주어진 시간에 제시된 과제를 완성할 수 있도록 한다. <뤼튼(Wrtn)이 제공하는 아이디어 및 이미지 활용하기> - 뤼튼(Wrtn)을 통해 학습하고자 하는 다양한 관용구를 검색할 수 있음을 안내한다. - 관용구를 나타내는 이미지를 만들 때, 뤼튼(Wrtn)에서도 이미지 생성이 가능함을 제시하고 활용 방법을 안내한다.

뤼튼을 활용한 관용구 학습

뤼튼을 활용한 이미지 생성 화면

전개 2 (제작 및 발표)	▶ 제작한 관용구 공유하기 - 모둠별로 만든 준비한 관용구를 급우들 앞에서 발표하도록 안내한다. - 급우들이 발표한 관용구를 살펴보며 관용구와 제작한 이미지의 유사함을 살펴본다. - 모둠별로 발표한 내용을 공유하여 상호 평가하게 한다.

전개 2 (제작 및 발표)	 <학생 발표 자료>

▶ 학습 내용 정리하기
- 멘티미터를 활용하여 오늘 학습한 내용을 정리하고 자기평가를 한다.

정리	  <멘티미터 개방형 질문 화면>　　　　<멘티미터 랭킹 화면>

Leonardo AI, Canva(캔바)

학습자가 Leonardo AI를 이용해 만든 이미지를 Canva(캔바)에서 실시간으로 공유

Idiom

as sick as a dog

1 Meaning: very sick
2 Image

Idiom

Many a little makes a mickle.

1 Meaning: 티끌 모아 태산
2 Image

Idiom

Too many cooks spoil the broth

1 Meaning: 사공이 많으면 배가 산으로 간다
2 Image

Idiom

spend money like water

1 Meaning: 돈을 물 쓰듯이 쓰다.
2

Idiom

spend money like water

1 Meaning: 돈을 물처럼 쓰다
2 Image

Idiom

A fish out of water

1 Meaning: feel uncomfortable
2 Image

Idiom

Drink like a fish

1 Meaning: drink a lot of alcohol
2 Image

Idiom

have butterflies in my stomach

1 Meaning: Feel nevous
2 Image

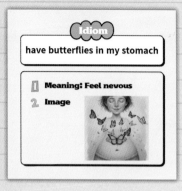

Idiom

crying crocodile tears

1 Meaning: fake crying
2 Image

Leonardo AI를 이용해 만든 이미지와 관련 관용구를 모둠별로 발표하기

(캔바로 협업하여 발표자료 제작)

모둠 1 발표 결과물

모둠 2 발표 결과물

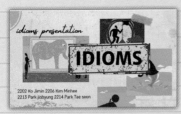  

모둠 3 발표 결과물

모둠 4 발표 결과물

모둠 5 발표 결과

멘티미터를 활용한 학습자의 배경지식 확인

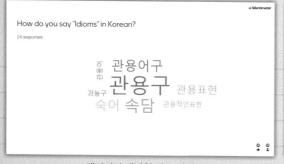

멘티미터 개방형 질문 화면

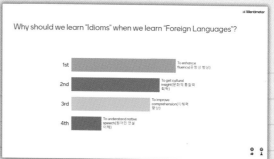

멘티미터 랭킹 화면

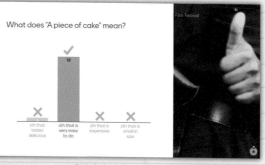

멘티미터 선택형 질문 화면 1

멘티미터 선택형 질문 화면 2

멘티미터를 활용한 학습자의 학습 내용 확인

멘티미터 개방형 질문 화면

멘티미터 랭킹 화면

교사 인터뷰

이지은 교사

Q 에듀테크 도구를 수업에 도입한 특별한 이유가 있나요?
A 먼저, 오늘날의 학생들은 디지털 환경에서 자라나는 현대 사회의 일원으로서, 기술을 활용한 학습 경험이 일상화되었습니다. 에듀테크는 학생들의 교육 접근성을 높이고, 관심을 불러일으키며, 학습 효과를 높이는 데 중요한 역할을 합니다. 또한, 다양한 학습 스타일을 지원할 수 있는 점도 중요한 이유입니다. 에듀테크 도구를 활용하면 시각적, 청각적, 대화형 등 여러 가지 방법으로 학생들이 언어를 학습할 수 있으며, 이는 각자의 필요와 선호에 맞춘 맞춤형 학습을 가능하게 합니다. 학생들이 자신의 학습 스타일에 맞춰 자율적으로 참여할 기회를 제공하는 것은 학생들의 학습 활동에 도움이 된다고 생각합니다.

Q 에듀테크를 수업에 어떻게 활용하고 계신가요?
A 실제 수업 시간에 많은 에듀테크 도구를 사용하지만, 이번 수업에서는 주로 Leonardo AI와 Canva를 활용했습니다. Leonardo AI는 학생들이 어휘와 표현을 시각적으로 학습하는 데 도움을 주며, 이를 통해 창의적인 사고를 촉진할 수 있습니다. 또한, Canva는 학생들이 자기 아이디어를 시각적으로 표현할 기회를 제공하여, 디지털 문해력과 언어 실력을 동시에 향상하고 더불어 협업 능력을 향상하는 데 이바지합니다.

Q 구체적으로 어떤 수업 활동을 진행하시는지요?
A 예를 들어, 어휘 학습 시간에는 Leonardo AI를 이용해 학생들이 새로운 단어와 관련된 이미지를 생성하도록 합니다. 이렇게 하면 학생들이 시각적으로 단어를 연결 지어

기억하는 데 도움을 줄 수 있습니다. 또한, Canva를 활용해 포스터 제작이나 발표를 진행하면서 학생들이 창의적으로 언어를 사용할 수 있도록 유도합니다.

Q 학생들의 반응은 어떤가요?
A 학생들이 매우 긍정적으로 반응합니다. 특히, 자신이 만든 작품을 디지털 형태로 표현할 수 있다는 점에서 재미를 느끼고, 학습에 대한 흥미도 높아집니다. 협업 기능 덕분에 친구들과 함께 작업하면서 자연스럽게 소통하는 능력도 키우고 있습니다.

Q 에듀테크 도구가 교사에게도 도움이 되는 부분이 있을까요?
A 에듀테크 도구를 통해 학생들의 진행 상황을 쉽게 모니터링하고, 필요에 따라 맞춤형 피드백을 제공할 수 있습니다. 또한, 자료 관리가 간소화되어 시간과 노력을 절약할 수 있습니다. 이를 통해 더 창의적이고 효과적인 수업을 진행할 수 있게 됩니다.

Q 앞으로의 영어 교육에서 에듀테크의 역할에 대해 어떻게 생각하시나요?
A 앞으로 에듀테크는 영어 교육에서 더욱 중요한 역할을 할 것이라고 봅니다. 학생들이 디지털 환경에서 자라나는 만큼, 이들을 효과적으로 지도하기 위해서는 에듀테크의 활용이 필수적입니다. 이는 학생들의 영어 학습을 개인화 맞춤형으로 진행하고, 학습 수준을 파악하는데도 용이할 것으로 생각합니다.

학생 인터뷰

2학년 **김민지**

Q 영선중학교에서 에듀테크 활용 수업을 경험한 소감이 궁금합니다. 처음 에듀테크 관련 수업을 들었을 때 어떤 생각이 들었나요?

A 영선중학교에 입학하고 처음 들어본 말이 에듀테크 활용 수업이었어요. 초등학교 때 간혹 에듀테크를 사용한 수업을 했었지만, 중학교에 입학해서 하는 에듀테크 수업은 조금은 낯설고, 디지털 기기를 사용하는 것으로 수업 시간이 더 흥미로울지, 또한 학습의 효과가 있을지 궁금했습니다. 그런데 수업 시간에 디지털 기기를 사용하며 참여하는 수업은 기존에 단순히 자리에 앉아서 들었던 교과서 위주의 수업과는 확실히 차이가 있었습니다. 실제로 디지털 기기를 이용한 다양한 활동을 통해 심화학습을 할 수 있었고, 아무래도 직접 에듀테크 도구를 활용하며 활동하다 보니 조금 더 집중하며 수업을 들을 수 있었습니다.

Q 구체적으로 어떤 수업을 경험하셨나요?

A 이번 영어 시간에는 신체와 관련된 관용구를 뤼튼 AI를 이용해 알아보고, 레오나르도 AI를 사용하여 관용구를 이미지로 제작한 후, 캔바를 통해 함께 공유하는 시간을 가졌습니다. 숙어나 관용구를 많이 접해보지 않은 저에게 이번 수업은 관용구에 대해 제대로 학습할 수 있는 시간이라 유익했고, 이미지를 보며 관용어구를 학습하니 쉽고 효과적인 방법으로 빠르게 이해하고 암기할 수 있었습니다. 또한 친구들은 수업 내용에 대해서 어떻게 이해하고 있는지 수업 도중에 확인할 수 있어서 좋았습니다. 예를 들어 관용구를 공부하는 것의 장점 같은 의견을 함께 나누면서 자기 생각을 공유하고 수업에 대한 흥미를 더욱 높일 수 있었습니다.

Q 수업할 때 친구들과의 협업 및 의견 공유가 어떤 도움이 되었나요?

A 수업 시간에 선생님이 제시해 주신 활동에 대한 자료를 직접 찾고 그것에 대해 서로 어떻게 생각하는지를 공유하면서 저와 친구들의 수업에 대한 집중과 참여가 눈에 띄게 좋아진 것이 보였습니다. 그리고 단기간 다양한 정보를 검색할 수 있어 접할 수 있는 정보의 양이 많아진 것도 좋았습니다. 주어진 시간에 정보검색, 발표 자료 준비, 발표, 그리고 피드백까지 가능한 것도 새롭다고 생각합니다. 특히 에듀테크를 통해 동시에 작업이 가능해 많은 의견 공유가 가능한 것이 유익하다고 생각합니다. 물론 모둠 활동을 할 때 무임승차 문제 등은 여전히 해결해야 할 과제라고 생각합니다.

과학

국어

미술

사회

수학

영어 1

정보

Q 에듀테크 수업이 영어 학습에 어떤 이점을 제공한다고 생각하시나요?

A 에듀테크를 활용한 영어 수업의 가장 큰 장점은 영어를 학습하는 데 있어서 영어에 더 많이 노출될 수 있다는 점 같습니다. 결과물을 만들어 내기 위해 배우거나 검색한 관련 표현을 여러 번 쓰고 이미지를 연상하여 암기하니 저절로 학습됩니다. 동시에 수업 시간에 친구들의 다양한 생각과 결과물을 살펴봄으로써 여러 관점으로 생각하는 능력을 기르게 됩니다. 또한, 아무래도 에듀테크 기기를 사용하다 보니 수업 내용에 대해 더 호기심을 갖고, 그 호기심에 대해 직접 알아보는 등의 작업을 반복하다 보니 배우고자 하는 영어를 거부감 없이 받아들이는 것 같습니다. 그래서 시험이나 내신을 위한 공부가 아닌 이해를 바탕으로 하는, 일명 '진짜 영어 공부'를 할 수 있습니다. 에듀테크를 통해 자신이 주도적으로 탐구하고 공유하며 진행하는 수업은 영어 과목뿐만 아니라 다른 과목에서도 효과적일 것으로 생각합니다.

Q 초등학교 시절과 비교했을 때, 에듀테크 수업이 학생의 학습을 어떻게 변화시켰나요?

A 저는 초등학교 시절 내신 공부와는 거리가 먼 학생이었습니다. 초등학교 때는 시험을 보지 않았기 때문이기도 했고, 학업에 대한 부담도 없었습니다. 당연히 영어 학원 역시 다녀본 적이 없습니다. 하지만 영선중학교를 입학하고 보니 많은 친구들이 초등학교 때부터 학원에 다니며 기초를 다지고 중학교에서 배울 부분을 선행학습 한 것을 보고 무섭기도 하고 부담스럽기도 해 오히려 영어에 대한 흥미가 떨어졌습니다. 평소 영어 과목을 좋아하지 않았던 터라 자연스럽게 '난 이미 늦었지'라고 생각하며 영어와 담을 쌓았던 것 같습니다. 하지만 영선중에서 수업 시간에 사용하는 단어 암기 앱이나 에듀테크를 활용한 수업 덕분에 아는 단어도 많아지고, 듣기 능력도 많이 향상되어 아직 다 쌓지 않은 담을 쉽게 허물 수 있었고, 다시 영어 공부에 불을 지필 수 있었습니다. 에듀테크 수업을 통해서라면 저와 같은 친구들도 영어에 흥미를 느낄 수 있을 거로 생각합니다. 또한 아직 영어가 익숙하지 않은 친구들 역시 다양한 방법으로 학습하고 탐구하며 영어에 대해 한 발짝 더 나아갈 수 있을 것이라고 확신합니다.

Q 에듀테크 수업이 더 많이 확산되었으면 하는 바람이 있으신가요?

A 네, 정말 그렇습니다. 영선중학교에서는 에듀테크를 활용한 수업이 활발하게 진행되고 있지만, 아직 에듀테크 활용 수업을 하지 않는 곳도 많이 있다고 알고 있습니다. 학생들의 더 나은 교육환경 개선을 위해 에듀테크 수업이 활발하게 적용되어 더욱더 많은 학교와 수업에서 에듀테크를 활용한 수업을 할 수 있으면 좋겠습니다.

2학년 **임예린**

에듀테크 기술을 접하는 것은 새롭진 않았지만, 익숙하지도 않았습니다. 초등학교 4학년, 코로나19로 인해 1년 남짓의 시간 동안은 집에 앉아 온라인 수업을 들어야만 했습니다. 하지만 본래 학교 가는 것을 좋아했던 저는, 학교에 가서 친구들과 수업을 듣는 돌봄교실을 신청하기도 하고 인터넷만을 오래 사용했을 때 집중도가 떨어지는 것이 늘 불만이었습니다. 디지털기기를 가까이 두면, 학습 효율성이 떨어지는 저의 학습 성향을 너무나도 잘 알고 있었기에 필사적으로 멀리하게 된 것은 어쩌면 당연했습니다.

에듀테크 교육에 관심을 가지게 된 것은 영선중학교 입학 후의 이야기입니다. 2학년이 되어 '레오나르도 AI'를 활용한 수업을 하게 되었습니다. 조원들과 함께 모여 관용구를 찾아보고 이에 대한 이미지를 생성하여 공유하는 시간을 가졌습니다. 물론 단순한 관용구는 어렸을 적에도 여러 번 배웠습니다. 그림과 함께 이러한 의미가 있다, 정도는 알고 있었으나 어렴풋한 흔적만이 남아있었지, 다시 보아하니 기억나지 않는 것들이 더 많았습니다. 하지만 레오나르도 AI를 이용한 수업은 확실히 차이점이 느껴졌습니다. 단순한 암기가 목적이 아닌 이해가 중심이 되었고, 반 친구들 또한 즐겁게 수업에 임하는 것이 느껴졌습니다. 영어를 공부하는 것, 그리고 영어가 아니더라도 다른 과목을 공부하는 것에 대해 여러 가지 생각이 들었던 것 같습니다.

영어는 무조건적인 암기라고 생각했습니다. 실제로 단어 암기나 기본적인 문법 개념암기 등 암기가 바탕이 되어야 해결해 나갈 수 있는 것이 영어라고 생각했기 때문입니다. 그러한 방법에 따라서 오랜 시간 공부를 해왔습니다. 다른 방법은 시도해 본 적이 없었기 때문에 이것이 지루하다거나, 혹은 흥미가 없다는 생각이 든 적은 없었습니다. 그냥, 하는 것이었지 따로 효율적인 방법이 크게 존재할 것이라고는, 즐겁게 놀이처럼 임할 수 있을 것이라고는 생각조차 해보지 않았습니다. 이에 꾸준히 그러한 방식으로 공부를 해왔고, 성과는 늘 하는 만큼 나왔습니다. 다만 문제가 있다면, 장기 기억력보다는 단기 기억력이 많이 사용해서인

지, 공부해도 오래 지식이 담겨있다는 생각이 들지 않았습니다. 잠시 머릿속에 지식이 머물러 있다 금세 흘러 나가버리는 것이 큰 문제였습니다.

그런데 레오나르도 AI를 활용하는 것은 입체적인 학습 결과를 가지고 왔습니다. 한 분야가 아닌 다른 분야를 접목해주는 AI를 이용하였기 때문에 여러 방면에서 문제를 단순 학습하는 것이 아닌 '이해'하는 것에 도움을 주었습니다. 인공지능이 만들어 준 이미지를 보며 관용구의 정확한 뜻을 익히고, 이를 기반으로 하여 친구들과 사진, 혹은 영상자료를 공유하며 새로운 지식을 얻을 수 있었습니다.

항상 무조건적으로 암기를 하고, 짧게 유지되는 자신의 지식에 대해 불평할 때마다, 유학을 다녀오신 아빠께서 늘 하시는 말씀이 있었습니다. "영어는 언어야. 외우는 것도 물론 중요하지만 네가 이해하고 나중에 이 언어를 사용하며 네가 즐기고 있을 미래를 상상하며 공부하는 게 얼마나 중요한지 몰라. 외우는 것보다 이해하는 게 먼저라고 생각해." 늘 해주시던 말씀이었지만 단순히 관용구를 외우고 숙어를 외우는데 이해와 암기는 거리가 있어 보였고, 즐기는 것은 더욱 이해하기 힘들었습니다. 하지만 에듀테크를 기반으로 한 수업을 듣다 보니 생각이 조금 달라졌습니다. 영어로 발표하는 과정에서 분명히 서툴긴 했으나 미묘한 즐거움을 느꼈고, 다양한 분야와 융합하여 복잡해질 줄 알았던 정보가 오히려 쉽게 머릿속에 정리되어 오래 기억에 남았습니다. 또 친구들과 함께 진행한 수업이었기에 수업 도중 새로운 방법을 찾아내기도 하며 즐거운 영어 수업 시간을 보냈습니다.

에듀테크 교육은 미래에 꼭 필요한 교육이라고 생각합니다. 미래의 흐름에 민감하게 반응하며 이를 따라가고 학생들에게 성취감을 제공하는 교육이기에 앞으로도 활발하게 이루어졌으면 좋겠다고 생각합니다. 이해가 아닌 암기가 주가 되어버린 교육에서 학생들이 이해하고 즐거움을 찾는 방법으로 수업을 할 수 있어 너무나도 기뻤고, 선생님께 감사했습니다. 에듀테크 분야가 실행되는 범위가 넓어져 앞으로 더 많이 수업에 더 능동적으로 참여하고 싶습니다.

과학 국어 미술 사회 수학 **영어1** 정보

수업 후기

생동감 있고 풍부한 영어 학습을 경험하는 에듀테크 활용 수업

2022 개정 영어과 교육과정 반영

2022 개정 영어과 교육과정에서는 지금까지 듣기, 말하기, 읽기, 쓰기의 네 가지 언어 기능 관점으로 교육 내용의 영역을 분류하던 기존 방식에서 탈피하여 언어의 사회적 목적 관점에 따라 '이해(reception)'와 '표현(production)'의 두 가지 영역을 설정하였다. 이해 영역에서는 담화와 글뿐만 아니라 이미지, 동영상 등이 다양하게 결합된 방식으로 제공되는 영어 지식 정보를 처리하고 사용하는 능력을 기른다. 표현 영역에서는 다양한 매체를 통해 말, 글, 시청각 이미지 등을 활용하여 자신의 느낌, 생각, 의견 등을 전달하는 능력을 기른다. 이번 수업에서는 이해와 표현 영역을 모두 결합한 수업을 진행하여 학생들의 영어 역량을 높일 수 있도록 에듀테크를 활용한 수업을 계획하였다.

미디어 확대로 영어 학습 및 사용 환경 전반에 혁신적 변화 요구

미디어는 정보와 지식, 사상과 정서를 전달하고 공유하는 수단으로서 책, 신문, 잡지 등 전통적인 출판 미디어와 라디오, 텔레비전, 전화 등 방송 통신 미디어에서부터 다양한 디지털 미디어, 더 나아가 소셜 미디어로 빠르게 확산·발전되었고 영역 간 경계도 허물어지고 있다. 이러한 미디어 확대로 영어 학습 및 사용 환경 전반에 혁신적 변화가 요구되고 있다. 따라서 자신의 느낌과 생각을 에듀테크를 통해 창의적으로 영어를 사용하여 전달할 수 있는 미디어 콘텐츠 제작 능력을 기를 수 있다.

학생의 능동적 참여 유도 및 디지털 소양 함양

앞으로 다양한 에듀테크를 적극적으로 활용하여 지도하도록 노력해야 한다. 수업에서의 능동적 참여와 상호작용, 동기부여 등을 촉진하기 위한 각종 교수·학습 도구를 효과적으로 사용하고, 개별화 학습을 위한 각종 언어 보조 학습 도구를 활용해 볼 수 있는 과제를 부여함으로써 생동감 있고 풍부한 영어 학습을 경험하고 디지털 소양을 기를 수 있도록 한다.

교사의 전문성 향상 기여

다양한 방식의 활동을 가능하게 해 수업을 더욱 창의적이고 흥미롭게 구성할 수 있다. 이런 수업 방법은 학생들의 학습 동기를 자극하고, 교사도 다양한 방식으로 수업을 설계할 수 있는 자유도를 제공한다. 또한 교사의 디지털 리터러시를 높이고, 최신 교육 기술에 대한 이해를 향상시키는 기회를 제공한다. 이러한 기술은 영어 교사의 커리어 발전에도 긍정적인 영향을 미칠 수 있다.

활용 에듀테크 도구

ChatGPT

ChatGPT는 2020년에 처음으로 공개된 OpenAI의 GPT-3 모델을 기반으로 개발되었고, 2022년에 더욱 고도화된 GPT-3.5를 기반으로 한 ChatGPT를 출시했으며, 2023년에는 GPT-4 기반의 ChatGPT를 공개해 성능과 대화 능력을 한층 더 향상시켰다. 이로써 ChatGPT는 사용자와의 상호작용에서 더 나은 자연어 처리 능력을 보여줄 수 있게 되었고, 다양한 분야에서 활용되고 있다. ChatGPT는 OpenAI에서 개발한 인공지능(AI) 챗봇으로, 사용자의 질문이나 요청에 대해 자연스러운 대화 방식으로 응답을 제공한다. OpenAI의 GPT(Generative Pre-trained Transformer) 모델을 기반으로 하며, 방대한 양의 텍스트 데이터를 학습하여 다양한 주제에 대한 정보를 제공할 수 있는 능력을 갖추고 있다.

에듀테크와의 융합수업을 가능하게 하여 학습 보조 도구로 사용하여 수업에서 필요한 자료 제공, 개별 피드백, 학습 내용 요약 등을 제공할 수 있어 교육 현장에서 특히 유용하다. 그러나 ChatGPT를 학교 수업에 활용할 때는 다음과 같은 주의사항을 고려해야 한다.

1) 올바른 질문 작성법 지도

ChatGPT는 질문에 따라 답변의 질이 달라지기 때문에, 학생들에게 구체적이고 명확한 질문을 작성하는 방법을 가르치는 것이 중요하다. 이를 통해 학생들은 필요한 정보를 더 효과적으로 얻는 방법을 배울 수 있다.

2) 비판적 사고 유도

ChatGPT의 답변을 그대로 수용하기보다, 학생들이 답변을 비판적으로 분석하고 추가적으로 탐구할 수 있도록 지도해야 한다. 이를 통해 학생들은 AI가 제공하는 정보도 비판적으로 평가하는 능력을 기를 수 있다.

3) 의존성 방지

학생들이 ChatGPT에 지나치게 의존하지 않도록 주의해야 한다. 스스로 문제를 해결하려는 능력을 기르고, AI는 보조 도구로 활용할 수 있는 방안을 강조해야 한다. 예를 들어, ChatGPT를 통해 아이디어를 얻되, 최종 답변은 학생들이 직접 고민하고 작성하도록 유도해야 한다.

Suno AI

Suno란 필리핀 세부아노어로 '복사하다'라는 뜻으로, 인공지능을 이용하여 음악을 만드는 서비스다. 최신 AI 기술을 활용하여 사용자들이 손쉽게 음악을 작곡하고 제작할 수 있도록 도와준다. 음악에 대한 전문 지식이나 작곡 경험이 없어도 누구나 창의적인 음악을 만들 수 있는 도구를 제공한다.

Suno의 특징

간편한 사용법으로 학생들이 쉽게 접근 가능하며, AI의 빠른 처리 능력을 통해 단시간에 고퀄리티의 음악을 제작할 수 있어서 수업시간에 활용하기에 용이하다. 또한 최신 음악 트렌드와 기술을 반영하여 지속적으로 발전하고 있다. 가사는 영어뿐만 아니라 한국어, 일어 등 다양한 언어들로 입력해도 가사를 불러주기 때문에 영어 수업뿐만 아니라 다른 과목 수업에서도 응용하기에 좋은 에듀테크라 생각한다.

Suno 사용법

이메일 주소로 회원가입을 하면 50 credit이 생기는데, 한 번 곡 작업할 때마다 10 credit이 사용된다. 즉, 무료 계정은 하루에 5번 곡 작업을 할 수 있다. 화면 왼쪽 주요 메뉴는 5개가 있다. Home은 메인 화면으로 추천 수를 많이 받은 우수한 퀄리티의 노래들을 들어볼 수 있다. 그 노래들의 음악 스타일을 참조하여 노래를 생성할 수도 있다. Create는 곡을 만드는 곳이고, Library는 지금까지 내가 만들어 놓은 음악 저장소인데 일정 기간이 지나면 과거에 만든 곡들은 삭제가 된다는 점을 유의하며 만든 음악은 즉시 저장하는 것을 권장한다. Explore는 룰렛 형태로 다양한 음악을 랜덤으로 들어보는 곳으로 음악 스타일을 찾을 때 참조할 수 있는 곳이다. Search는 제목, 스타일 등으로 Suno에 탑재된 음악을 검색할 수 있는 곳이다.

Suno로 음악 제작 방법

첫 번째, 자동으로 음악을 제작해주는 방식으로, 음악 스타일과 가사 유무만 지정하여 바로 음악을 생성할 수 있다. 두 번째, 커스텀으로 음악을 제작하는 방식으로, 원하는 가사, 음악 스타일, 제목을 입력하고 나만의 음악을 만들 수 있다. 수업에서 활용할 때 학습목표 달성 차원에서 커스텀 음악 제작 방식이 훨씬 선호된다.

Padlet

패들렛(Padlet)은 교사와 학생들이 온라인 상에서 쉽게 협업하고 소통할 수 있는 디지털 게시판 도구다. 사용자는 텍스트, 이미지, 비디오, 링크 등을 게시판 형태로 자유롭게 공유하고 의견을 나눌 수 있어 교육 현장에서 특히 유용하게 활용된다.

패들렛의 주요 특징

1) **사용자 친화적인 인터페이스** : 드래그 앤 드롭 방식으로 쉽게 게시물을 추가할 수 있고, 직관적인 인터페이스 덕분에 디지털 기기에 익숙하지 않은 학생이나 교사도 손쉽게 사용할 수 있다.
2) **다양한 게시판 레이아웃** : 담벼락, 캔버스, 타임라인, 지도 등 여러 형태의 게시판을 지원하여 수업 목적에 맞게 게시판을 선택할 수 있다.
3) **실시간 협업 가능** : 학생들이 동시에 게시물을 추가하고, 실시간으로 반응을 남길 수 있어, 수업 중에도 즉각적인 피드백과 참여를 유도할 수 있다.
4) **멀티미디어 지원** : 이미지, 동영상, 링크, 파일 업로드 등을 자유롭게 게시할 수 있어, 학생들이 다양한 형태로 아이디어를 공유할 수 있어서 수업이 더 다채롭고 흥미로워진다.
5) **접근성 및 공유 기능** : 패들렛은 링크만 공유하면 쉽게 접근할 수 있어 학생들이 어디서든 접속하여 참여할 수 있다. 비밀번호 설정이나 접근 권한 조정이 가능해 보안을 강화할 수도 있다.

교육에서의 활용 방법

패들렛은 단순한 디지털 게시판 이상의 기능을 제공하여 학습 활동을 더욱 풍부하게 만들고, 학생들이 다양한 방식으로 적극적으로 참여할 수 있도록 돕는다.

1) **브레인스토밍** : 토론 주제를 제시하고, 학생들이 생각을 자유롭게 게시하도록 하여 수업 시작 전에 아이디어를 모으는 데 유용하다.
2) **프로젝트 진행 상황 관리** : 프로젝트의 진행 과정을 실시간으로 추적할 수 있어 팀별 과제나 프로젝트에 적합하다.
3) **피드백 수집** : 수업 후 학생들의 의견이나 질문을 익명으로 수집해 수업 개선에 활용할 수 있다.
4) **포트폴리오 작성** : 학생들이 자신의 작품이나 학습 기록을 꾸준히 업로드해 디지털 포트폴리오를 구축할 수 있다.

공개 수업 지도안

허명주 교사

주제	ChatGPT와 Suno를 활용한 안전 팝송 만들기		
과목	영어	출판사	천재교육(이)
학년	3학년	단원/차시	Lesson 7. Watch Out (4차시)
성취기준	[9영02-02] 일상생활에 관한 자신의 의견이나 감정을 표현할 수 있다. [9영02-08] 개인 생활에 관한 경험이나 계획에 대해 묻거나 답할 수 있다.		
교수학습 활동 유형	☐ 개념설명형(지식전달) ■ 의사결정형(토의토론) ☐ 문제해결형(탐구, 프로젝트) ■ 직·간접체험형(실험, 실기) ☐ 놀이활동형		
형성평가 활동 유형	■ 의사소통형(협업, 의견수렴 등) ■ 학습확인형(퀴즈 등) ■ 포트폴리오형(프로젝트 등) ☐ 실험실습형(실기 포함)		
활용도구	■ ChatGPT, Suno AI, Padlet		
활용 콘텐츠	■ 지도서 프로그램 안전 규칙 퀴즈(https://www.youtube.com/watch?v=E2hER9-kpvU)		
온·오프 연계 형태	■ 온라인으로 수업을 지속하는 경우(온라인→온라인) ■ 온라인 수업 후 학생이 등교하는 경우(온라인→오프라인) ■ 등교수업 후 온라인 수업을 하는 경우(오프라인→온라인) ■ 오프라인으로 수업을 지속하는 경우(오프라인→오프라인)		
기기환경	☐ 교사 1기기(학생 기기 미활용) ☐ 모둠형 기기(학생 모둠별 1기기) ■ 학생 개인별 기기(학생 1인당 1기기) : 노트북 ☐ 기타		

(해당 부분에 '■' 표시)

단계	수업 내용
<4차시> 수업 안내	▶ 수업 내용 - ChatGPT와 Suno를 활용하여 우리 주변에서 필요한 안전에 대한 팝송을 제작할 수 있다. - 팝송이라는 흥미로운 매체를 통해 안전의 중요성을 좀 더 친숙하고 쉽게 함양할 수 있다. ▶ 수업 주의 사항 - 수업 시작 전 ChatGPT, Suno ai, Padlet을 미리 접속하도록 안내한다. - 안전에 대한 노래 제작이라는 추상적인 주제가 아니라 본인과 짝의 과거 경험을 비추어 안전이 필요한 장소, 시간을 구체적으로 생각하여 팝송의 주제를 정하도록 한다. - 전 차시에서 학습한 당부하기 표현을 가사에 포함되도록 수정하도록 한다.
도입	▶ 전시학습 확인 - 당부하기와 부탁하기 표현을 생각나는 대로 적도록 한 후 확인한다. - 지도서 프로그램의 Rap Time을 따라 읽도록 하여 전시학습의 표현을 복습한다. ▶ 동기 유발 - 유튜브 영상을 함께 시청하며 안전 규칙 퀴즈를 풀게 한다. - 'Remember, safety always comes first.'라는 문구를 함께 읽음으로써 안전과 관련된 수업내용이 진행됨을 미리 알려준다. - 'Watch Out' 조심해! 라는 7과 제목을 다시 상기시키며 이번 수업을 통해 안전의 중요성을 함양하도록 유도한다.  ▶ 학습 목표 안내 - ChatGPT와 Suno를 활용하여 짝과 함께 우리 주변의 안전과 관련한 팝송을 만들 수 있다. - 다른 조원이 만든 팝송을 들으며 실생활에서의 안전을 인지하고 실천할 수 있다.

▶ 가사 작성법 설명
- ChatGPT를 사용하기 전에 먼저 짝과 함께 안전이 필요한 장소나 시간을 논의해본다. 과거에 본인이 직접 겪었던 위험했던 순간이나 위험한 상황을 관찰했던 순간 등에 대해 생각하여 팝송의 주제를 정하도록 한다.
- ChatGPT에서 정해진 주제와 관련한 안전 가사를 작성하도록 요청하고 이를 영어로 번역하도록 한다.

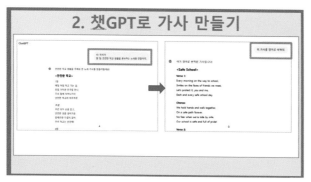

- 코러스에 당부하기 표현이 들어가도록 수정하게 한다.

전개 1

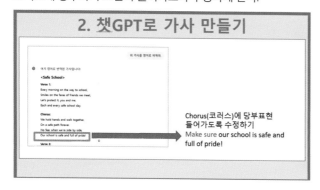

▶ 음악 제작법 설명
- Lyrics : ChatGPT로 작성한 가사 붙여넣기
- Style of Music : 하단의 랜덤 박스 여러 개 클릭
- Title : 제목 입력

▶ 음원 파일 저장법 설명
- 다 만든 노래 우측의 점 세 개를 클릭 → Download 클릭 → Audio 클릭

전개 1

▶ 패들렛에 공유법 안내
- 음원파일과 영어가사를 패들렛에 공유하도록 한다. 영어가사 중 당부표현으로
  수정한 가사는 볼드체를 적용하게 한다.

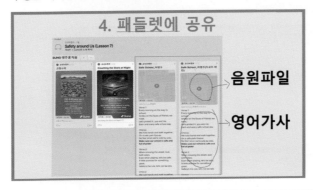

▶ 짝과 함께 팝송 제작
- 가사의 주제를 선정한다.
- ChatGPT로 가사를 요청한 후 번역한다. 이때 코러스에 당부표현을 최대한 많이 넣을 수 있도록 한다.
- Suno에 가사를 붙여넣고, 원하는 스타일의 음악을 선택한 후 제목을 적고 팝송을 제작한다.
- 저장한 음원과 가사를 패들렛에 공유한다.

전개 2

<짝과 함께 팝송 제작하는 모습>

▶ 팝송 소개
- 팝송 주제를 선정한 계기를 과거 경험 등을 포함해서 발표하도록 한다.

전개 2

▶ 학습일지 작성
- 패들렛에 접속하여 안전 팝송 제작활동에 대한 자기평가 및 느낀 점을 작성하도록 한다. 자기평가에는 교사 및 동료 피드백을 바탕으로 개선할 수 있는 방안에 대한 성찰의 시간을 가지도록 한다. 또한 안전 팝송에 대해 자기평가를 해보고, 이번 활동을 통해 느낀 점과 배운 점, 에듀테크 활용한 수업에 대해 좋았던 점이나 어려웠던 점 등을 자유롭게 작성하도록 한다.

정리

과학
국어
미술
사회
수학
영어 2
정보

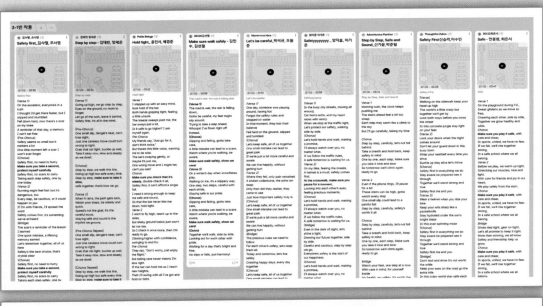

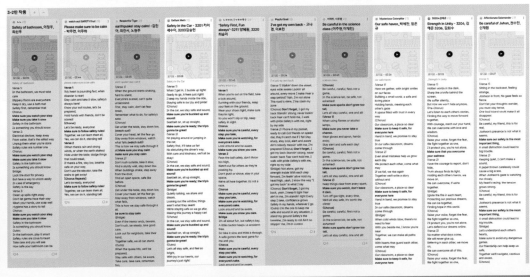

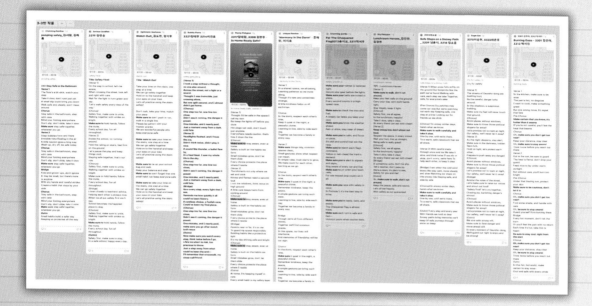

교사 인터뷰

허명주 교사

Q 이번 수업에서 학생들이 배운 핵심 표현과 '안전'이라는 주제를 어떻게 연결하게 되었나요?
A 이번 수업의 목표는 학생들이 말하기 수업에서 배운 표현들을 실제 생활에 응용해보는 것이었습니다. 7과의 주제가 '안전'이었기 때문에, 학생들이 안전과 관련된 팝송을 만들며 일상생활에서 필요한 안전 지식을 자연스럽게 되새기고 활용할 수 있도록 했습니다. 이를 통해 학생들이 단순히 표현을 암기하는 것을 넘어, 중요한 안전 정보를 실질적인 언어로 표현하는 능력을 기를 수 있었습니다.

Q 학생들이 안전 팝송을 작사하고 작곡하는 활동을 통해 얻을 수 있는 학습 효과는 무엇이라고 생각하시나요?
A 학생들이 직접 작사, 작곡하는 과정에서 창의성과 자기 표현 능력을 기를 수 있습니다. 또한, '안전'이라는 주제를 바탕으로 노래 가사를 만드는 과정에서 상황에 맞는 표현을 선택하며 실생활에 필요한 언어를 배우게 됩니다. 더불어, 음악을 통해 배운 내용을 반복적으로 듣고 기억하게 되므로, 안전 관련 지식과 영어 표현을 오래 기억할 수 있다는 점도 큰 장점입니다.

Q 수업 중 학생들의 반응은 어땠나요?
A 학생들이 매우 흥미로워하며 수업에 참여했습니다. 특히, 자신이 만든 가사와 멜로디를 친구들 앞에서 발표하는 것을 재미있어했는데요. 본인들만의 경험을 담은 팝송을 제작한다는 점에서 동기부여가 된 것 같습니다. 학생들이 자신의 노래를 자주 부르며 학습 내용을 복습하는 모습도 볼 수 있어 뿌듯했습니다.

Q 이번 수업을 통해 학생들이 실제 생활에서 얻어가길 바라는 점은 무엇인가요?
A 안전 팝송을 만드는 활동을 통해 학생들이 일상 속에서 안전을 중요하게 생각하고, 다양한 상황에서 안전을 지키기 위한 표현을 기억할 수 있길 바랍니다. 또한, 창의적인 방법으로 배운 내용을 실생활에 연결해보는 경험을 통해 학습에 대한 흥미를 더욱 느끼고, 표현력과 문제 해결 능력도 키우기를 기대합니다.

Q 다음 수업에 추가하거나 개선하고 싶은 부분이 있다면 무엇인가요?
A 다음 수업에서는 학생들이 직접 만든 안전 팝송을 녹음하여 공유하는 활동을 추가하고 싶습니다. 이를 통해 학생들이 본인의 목소리로 노래를 듣고 자부심을 느끼며 학습 내용을 더 오래 기억할 수 있도록 도와주고자 합니다.

3학년 **박주연**

Q 안전 음악 제작 수업은 Speaking 수업의 연계 수업이었는데 학습에 도움이 되었나요?

A 후렴구에 당부의 말을 넣어야 한다는 조건 때문에 어떤 당부의 말을 넣는 게 좋을까 고민하면서 계속 보다 보니까 당부하는 표현 여러 개를 눈에 익힐 수 있었습니다.

Q 에듀테크를 활용하여 안전 음악을 만든 소감은 어떠한가요?

A SUNO가 만든 음악이 예상보다 더 감미롭고 AI가 대중의 취향을 잘 파악했다는 느낌이 들었습니다. 에듀테크가 없었다면 '팝송 만들기' 활동을 할 수 없었을 텐데 덕분에 다양한 체험을 할 수 있었습니다.

Q ChatGPT와 Suno를 사용하면서 느낀 장점과 단점은 무엇인가요?

A ChatGPT와 Suno가 없었다면 겪어야 했을 창작의 고통을 생각하면 ChatGPT와 Suno의 개발자들께 너무 감사했습니다. 다만 ChatGPT에게 작사를 맡기면서 ChatGPT가 없었더라면 직접 문법적 오류가 없는 가사를 만들기 위해 문법 공부를 병행해야 했을 테고, 이 과정에서 얻는 게 있었을 텐데 AI를 맹신 가깝게 신뢰하여 검토 과정을 건너뛰어 문법 부분에서는 공부가 안됐다고 생각합니다.

Q 에듀테크 활용수업이 본인에게 미친 긍정적 영향?

A 에듀테크를 활용함으로써 선생님들께서 일방적으로 학생들에게 지식을 전달해 주시는 기존의 수업 방식에서 몸소 체험하며 학습하는 수업이 되어 수업에 적극적으로 참여할 수 있게 됐습니다.

Q 에듀테크를 활용한 수업이 기존의 수업방식과 어떻게 다르다고 생각하나요?

A 기존의 수업방식대로라면 교과서 출판사에서 만들어 놓은 노래를 따라 부르고 넘어갔을 부분이었습니다. 하지만 앞서 말했듯 에듀테크를 활용함으로써 가사에 당부의 말이 포함돼 있어야 한다는 조건을 충족시키기 위해 내가 어떤 표현을 사용하는 게 좋을지 유심히 보고, 이로써 당부의 말에 익숙해지게 하는 데 도움이 되었습니다.

Q 가사 제작에 있어서 AI의 도움이 어떠했으며, 유의할 점 등이 있다면 말해주세요.

A 저는 그저 "재난 상황에 대비하자는 내용의 노래를 만들려고 한다. 적합한 가사를 써줘라."라는 말을 했을 뿐인데 ChatGPT는 한순간에 가사를 완성했고, SUNO에 가사와 노래 분위기, 제목을 입력했더니 약 3분 분량의 노래를 완성해 주었습니다. 다만 가사의 세세한 면을 조정하기가 어려웠고, 원하는 느낌의 가사를 얻기 위해 여러 번의 구체적인 질문을 해야 했습니다. 그리고 저작권 문제가 있을 수 있고, 이를 악용하는 문제가 생길 수 있을 것 같아 이런 점에 주의해야 할 것 같습니다.

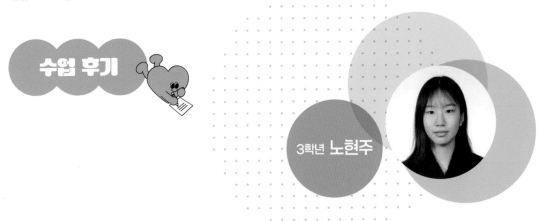

수업 후기

3학년 **노현주**

2022년 11월 OpenAI사가 ChatGPT를 처음으로 세상에 내놓은 지 2년의 시간이 지났습니다. 사람과 대화를 나눌 수 있는 인공지능, ChatGPT는 2년 만에 세상을 완전히 바꾸어버렸고 어느덧 우리의 생활 일부분을 차지하고 있습니다. 이외에도 다양한 SUNO나 CANVA, Napkin AI 등 다양한 서비스들을 이용할 수 있게 되었습니다. 이런 다양한 서비스들을 잘 이용할 수 있다면 앞으로 미래사회를 살아갈 학생들에게는 큰 힘이자 역량이 될 것입니다. 이를 위해 에듀테크를 활용한 수업을 진행하고 있고, 저는 중학생으로서 이런 에듀테크를 사용한 수업이 제게 큰 도움이 된다고 느꼈습니다.

여러분은 '수업시간' 하면 어떤 모습이 떠오르시나요? 어쩌면 선생님께서 칠판에 설명하시는 내용을 그대로 받아적는 학생들의 모습을 떠올리실지도 모르겠습니다. 하지만 에듀테크를 사용한 수업은 다릅니다. 일방적으로 학습 내용을 수용하기만 하는 것이 아닌 다양한 온라인 플랫폼으로 의견을 나누고, 효율적으로 학습할 수 있다는 것이 바로 에듀테크의 장점입니다.

특히 저는 SUNO AI를 활용한 영어수업이 정말 기억에 남습니다. SUNO AI는 사용자가 작성한 가사를 토대로 각종 장르의 음악을 작곡해주는 인공지능입니다. 저희는 교과서의 핵심표현인 "Don't forget to ~", "Make sure to~"와 같은 당부의 표현과 "Do me a solid", "Can you do me a favor?" 같은 부탁의 표현을 활용한 가사로 안전수칙에 관한 곡을 만들었습니다. 그리고 각 팀이 만든 곡을 친구들 앞에서 발표하기도 했습니다. 이렇게 새로운 방법으로 수업을 하면서 자칫 지루하게 느껴질 수 있는 수업 분위기가 활발해졌습니다. 무엇보다 자신이 만든 노래라 더 즐겁게 노래를 익히며 핵심표현 역시 쉽게 기억할 수 있었습니다. 이렇듯 SUNO를 활용한 수업을 통해서 영어 표현도 익히고, 새로운 인공지능 서비스의 활용방법도 익힐 수 있었습니다.

그리고 노래 가사를 쓰기 위해서는 ChatGPT를 활용했습니다. ChatGPT에 곡의 주제와 가사에 들어가면 좋을 표현들을 입력하고, ChatGPT가 써준 가사를 모둠원들과 의논하고 수정하여 가사를 완성했습니다. ChatGPT를 사용하지 않았다면 가사를 만드는 것이 부담스럽게 느껴졌을 테지만, ChatGPT를 활용하며 부담없이 노래를 만들 수 있었습니다. 무엇보다도 가사를 추가할 때 문법적으로 문제가 없는지, 또는 비슷한 다른 표현은 없는지 궁금한 점을 바로 해결할 수 있다는 점이 큰 장점으로 다가왔습니다.

이렇게 에듀테크를 사용한 수업을 하며 제가 느낀 점은 에듀테크를 사용한다면 더 즐거운 수업을 만들 수 있다는 것이었습니다. 기존의 수업방식은 선생님께서 일방적으로 지식을 전하는 수업이었다면 에듀테크를 활용한 수업은 학생들이 자신의 의견을 자유롭게 나누며 소통하는 수업이라는 차이점이 있습니다. 또

음악, ppt 자료, 각종 문서 등 다양한 매체로 자신의 생각을 효과적으로 표현하는 연습을 할 수 있다는 장점을 가지고 있습니다. 의사소통이 중요해지는 시대, 에듀테크를 활용한 수업은 학생들의 역량을 키워줄 수 있는 수업이라고 생각합니다.

하지만 직접 수업을 들어보니 에듀테크가 100% 효과를 발휘하기 위해서는 학생들의 노력도 필요하다는 생각이 들었습니다. 사실 디지털기기는 학생들에게 큰 유혹으로 다가오기가 쉽습니다. 만약 수업시간에 사용하는 디지털 기기를 다른 용도로 사용한다면 수업에 집중하지 못하고 자연스럽게 학습효과도 떨어질 것입니다. 때문에 학생들은 수업시간에는 수업에 충실하며 집중하려는 자세를 가져야 합니다. 또 ChatGPT와 같은 프로그램에만 무작정 의존하다보면 오히려 학생들의 능력을 발휘하기가 어려워질 것이라고 느꼈습니다. 그러니 학생들은 스스로 생각하는 힘을 토대로 에듀테크 수업에 사용하는 프로그램으로부터는 도움을 받는 식으로 활용해야 할 것이라 생각합니다. 무엇보다 ChatGPT와 같은 인공지능이 제공하는 정보가 정확한 것인지 비판적으로 받아들이는 것이 중요합니다.

이렇게 다양한 기술과 멋진 선생님들의 수업에 학생들의 노력이 더해진다면 에듀테크는 자라나는 학생들에게 큰 도움이 될 것입니다. 학생으로서 에듀테크를 활용한 수업에 참여한 것은 좋은 경험으로 기억에 남을 것 같습니다.

에듀테크와 프로그래밍 접목한 수업구성으로 창의적인 학습 활동 경험

정보화 기술과 에듀테크의 중요성

현대 사회에서 정보화 기술의 발전은 우리의 일상생활에 많은 변화를 가져왔으며, 이러한 변화는 교육 현장에서도 예외가 아니다. 특히 에듀테크(EduTech)는 교육과 기술을 접목하여 기존의 교육 방법을 혁신하고 학생들의 학습 효과를 극대화하는 데 중요한 역할을 하고 있다. 본 수업은 에듀테크 도구를 활용한 프로그래밍 수업을 통해 중학생들이 논리적 사고력을 키우고 컴퓨터 과학의 기본 개념을 체계적으로 학습할 수 있도록 돕고자 한다.

'앨리스 스쿨' 헬로빗을 활용한 프로그래밍 학습

본 수업에서는 코스웨어 플랫폼인 '앨리스 스쿨'의 헬로빗 프로그램을 활용하여 학생들이 프로그래밍을 쉽게 배우고 흥미를 느낄 수 있도록 설계되었다. 헬로빗은 단순한 명령어 입력을 통해 학생들이 직접 캐릭터를 움직이고 목표를 달성하게 함으로써 프로그래밍의 기초 개념을 게임과 같은 형태로 배우도록 돕는다. 이러한 과정은 학생들에게 자연스럽게 컴퓨터 과학의 원리를 이해시키고, 논리적 사고를 확장시키는 데 중점을 두고 있다.

수업 구성과 내용

본 수업은 크게 다섯 가지로 구성되어 있다. 첫 번째로, 에듀테크와 프로그래밍 수업을 접목한 체계적인 교육 진행 방안을 소개한다. 두 번째로, 앨리스 스쿨의 헬로빗을 활용한 당근 수집 활동과 같은 구체적인 에듀테크 도구의 활용법을 설명한다. 세 번째로, 공개수업 지도안을 통해 실제 수업에서 사용될 교육 계획과 학생 활동을 구체적으로 제시한다. 네 번째로는 교사 인터뷰를 통해 에듀테크 도구를 활용한 수업의 효과와 현장 경험을 공유한다. 마지막으로 학생 인터뷰를 통해 학습자가 느낀 학습 경험과 배움의 즐거움을 전달하고자 한다.

기대 효과와 미래 비전

이러한 체계적인 수업 구성은 학생들에게 프로그래밍의 기초 개념을 쉽게 전달하며, 실제 문제를 해결하는 과정에서 성취감을 느끼도록 설계되었다. 이를 통해 학생들은 프로그래밍을 어렵고 복잡한 것이 아니라 재미있고 창의적인 활동으로 경험하게 되며, 나아가 정보 기술에 대한 긍정적인 태도와 호기심을 갖게 될 것이다. 본 수업이 학생들이 스스로 문제를 탐구하고 해결하는 과정을 통해 미래의 창의적인 인재로 성장하는 데 도움이 되기를 바란다.

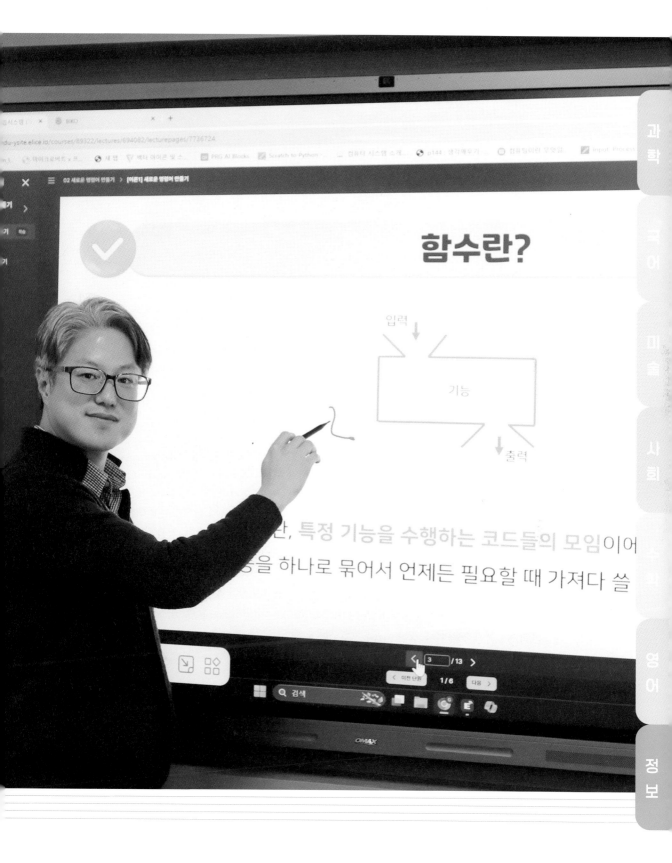

엘리스스쿨

엘리스스쿨은 AI 코스웨어 플랫폼으로 학생들이 컴퓨터 과학의 기본 개념을 쉽게 이해하고 흥미를 느낄 수 있도록 돕는 교육용 코스웨어 플랫폼이다. 이 플랫폼은 주로 초·중등 학생들을 대상으로 하며, 프로그래밍 교육을 재미있고 직관적인 방식으로 제공한다. 특히 헬로빗 프로그램은 학생들이 직접 가상의 캐릭터를 움직이고 미션을 수행하면서 코딩의 기본 원리를 익히도록 설계되어 있다.

앨리스 스쿨 플랫폼은 학생들이 실패와 성공을 반복하며 문제를 해결하는 경험을 쌓을 수 있도록 구성되어 있다. 이러한 과정은 자연스럽게 논리적 사고력과 문제 해결 능력을 기르도록 하며, 학생들이 시도하고 수정하는 과정을 통해 점차 코딩에 대한 자신감을 갖게 한다. 플랫폼의 직관적인 인터페이스와 다양한 학습 자료는 학생들이 스스로 탐구하며 학습할 수 있도록 지원한다.

앨리스 스쿨은 교사들에게도 유용한 도구를 제공한다. 수업 진행에 필요한 다양한 자료와 예제 코드가 포함되어 있어 수업 준비를 보다 효율적으로 할 수 있으며, 학생들의 학습 과정을 모니터링하고 피드백을 제공할 수 있는 기능도 포함되어 있다. 이러한 기능들은 교사들이 학생 개개인의 학습 진도를 파악하고 맞춤형 지도를 제공하는 데 큰 도움을 준다.

결과적으로, 앨리스 스쿨은 학생들이 프로그래밍을 통해 창의적 사고력을 기르고, 컴퓨터 과학의 기본 개념을 쉽고 재미있게 익힐 수 있도록 돕는 플랫폼이다. 이를 통해 학생들이 미래의 정보화 사회에서 필요한 역량을 갖출 수 있도록 돕는 것을 목표로 하고 있다.

주제	코스웨어를 활용한 프로그래밍 수업(파이썬)	
과목	정보	
학년	3학년	단원/차시 : 3단원 프로그래밍 (1차시)

성취기준	[9정04-01] 사용할 프로그래밍 언어의 개발 환경을 특성을 이해한다. [9정04-02] 다양한 형태의 자료를 입력받아 처리하고 출력하기 위한 프로그램을 작성한다.
교수학습 활동 유형	■ 개념설명형(지식전달) □ 의사결정형(토의토론) ■ 문제해결형(탐구, 프로젝트) ■ 직·간접체험형(실험, 실기) □ 놀이활동형
형성평가 활동 유형	■ 의사소통형(협업, 의견수렴 등) ■ 학습확인형(퀴즈 등) ■ 포트폴리오형(프로젝트 등) ■ 실험실습형(실기 포함)
활용도구	■ 엘리스스쿨
활용 콘텐츠	■ 영상, 이미지
온·오프 연계 형태	■ 온라인으로 수업을 지속하는 경우(온라인→온라인) ■ 온라인 수업 후 학생이 등교하는 경우(온라인→오프라인) ■ 등교수업 후 온라인 수업을 하는 경우(오프라인→온라인) ■ 오프라인으로 수업을 지속하는 경우(오프라인→오프라인)
기기환경	□ 교사 1기기(학생 기기 미활용) □ 모둠형 기기(학생 모둠별 1기기) ■ 학생 개인별 기기(학생 1인당 1기기) □ 기타

(해당 부분에 '■' 표시)

과학 국어 미술 사회 수학 영어 정보

단계	수업 내용

▶ 수업 내용
- 본 수업에서는 '앨리스 스쿨'의 헬로빗이라는 AI 코스웨어 플랫폼을 활용한다. 헬로빗은 학생들이 파이썬 프로그래밍을 쉽고 재미있게 배울 수 있도록 돕는 플랫폼이다. 학생들은 가상의 캐릭터를 조작하며 프로그래밍의 기초 개념을 게임처럼 배우게 된다. 이를 통해 학생들은 컴퓨터 과학의 기본 원리를 자연스럽게 이해하고, 논리적인 사고력을 키울 수 있다. 학생들은 각자 노트북을 사용하여 수업에 참여하며, 이 과정을 통해 컴퓨터 과학에 대한 자신감과 흥미를 쌓는 것을 목표로 한다.

<4차시> 수업 안내

▶ 1차시 수업 주의 사항
- 학생들이 앨리스 스쿨 플랫폼에 가입하도록 하며, 가입 시 학교에서 제공하는 구글 계정을 통해 관리될 수 있도록 한다.
- 추가 실습 시 학생들이 헬로빗의 기본 환경 설정에서 오류가 발생하지 않도록 주의시키며, 플랫폼 접속이 원활한지 점검한다.
- 이론 과정에서는 각 명령어의 역할과 사용법을 충분히 설명한 후 실습에 들어가도록 하여, 학생들이 명령어의 의미를 정확히 이해하고 사용할 수 있도록 한다.
- 학생들이 헬로빗을 사용하는 동안 발생할 수 있는 오류나 문제를 스스로 해결해보도록 유도하되, 필요할 때 AI헬피(챗봇)을 활용하여 도움을 얻도록 한다

도입

- 헬로빗 플랫폼 소개 및 기본 환경 익히기
  먼저 헬로빗 플랫폼을 학생들에게 소개한다. 주요 기능과 인터페이스를 설명하며, 학생들이 직접 헬로빗에 접속하고 기본 환경을 설정하는 방법을 배우도록 한다. 이 단계에서는 헬로빗을 활용해 플랫폼을 어떻게 사용하는지 이해하는 것이 중요하다.

<앨리스 스쿨 플랫폼 "헬로빗의 당근 수집">

- 기본 명령어 학습 : 기본 명령어 (rabbit.move(), rabbit.turn_left() 등)를 통해 캐릭터를 움직이는 방법을 익힌다. 간단한 실습을 통해 가상 캐릭터를 움직여 보면서 프로그래밍의 기본 개념에 친숙해지는 활동을 진행한다. 학습을 하는 방법은 교사와 동일한 이론화면과 실습화면을 통해 함께 수업을 진행해 나간다. 이 과정에서 교사는 학생들의 수업 진도를 체크하고 확인한다.

<이론 학습 화면>

<실습 학습 화면>

- 수업 과정에서 AI헬피(챗봇)를 적극적으로 활용하여 작성 시 코드의 오류나 궁금한 점을 AI헬피에게 질문하여 자기주도적 학습이 이뤄질 수 있다.

전개 1
(학습확인)

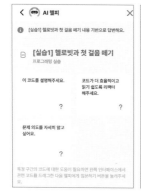

<AI 헬피(챗봇화면)>

- 기본 명령어 이론 : 기본 명령어에 대한 이론화면을 교사가 설명하고, 학생들이 스스로 실습을 하면서 학습이 이루어지도록 한다. 교사는 기본 명령어의 역할과 사용법을 단계별로 설명하면서 학생들이 명령어가 어떤 역할을 하는지 이해할 수 있도록 돕는다. 이후 학생들이 각 명령어를 활용해 직접 실습에 참여하며, 이를 통해 프로그래밍의 기본적인 개념을 습득하도록 유도한다. 이 과정에서 학생들은 교사의 설명을 바탕으로 이론적 지식을 습득하고, 이를 실습을 통해 실제로 구현해 보는 과정을 경험하게 된다. 교사는 실습 과정에서 발생하는 오류나 어려움을 해결하는 데 도움을 주며, 학생들이 주도적으로 문제를 해결할 수 있도록 격려한다.

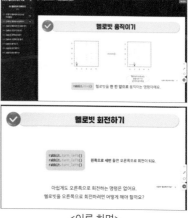
<이론 화면>

<수업 장면>

**전개 1
(학습확인)**

- 기본 명령어 실습 : 학생들이 직접 명령어 (rabbit.move(), rabbit.pick_carrot())를 사용하여 캐릭터를 조작해 본다. 명령어를 입력하여 캐릭터가 움직이고 목표를 달성하는 과정을 통해 실제로 코드가 어떻게 작동하는지 경험하게 한다. 이 과정에서 파이썬의 함수에 대한 과정을 언급한다.
- 기본 명령어

명령어	내용
rabbit.move()	한칸 앞으로
rabbit.turn_left()	왼쪽으로 90도 회전
rabbit.pick_carrot()	당근 뽑기
rabbit.drop_carrot()	당근 심기

- 성취도 확인 및 개별학습 : 교사는 학생들의 성취도를 대시보드를 통해 지속적으로 확인하며, 성취도가 높지 않은 학생들에 대해서는 개별학습을 진행한다.
- 명령어 기능 이해도 확인 : 학생들이 명령어를 잘 이해했는지 확인하기 위해 캐릭터를 다양한 방식으로 움직이는 문제를 제시한다. 학생들이 각 명령어의 개념을 제대로 이해했는지 평가하고, 어려워하는 부분이 있는지 관찰한다.

**전개 2
(실험실습)**

- 실습 환경 구성 : 학생들은 헬로빗 플랫폼에서 제공되는 실습 환경을 통해 주어진 코드를 실행해 본다. 실습 환경은 첨부된 그림 파일과 같이 구성되어 있으며, 학생들은 명령어를 입력하고 캐릭터의 움직임을 확인하는 과정을 거친다. 학생들은 우선 코드를 실행하여 실제로 코드가 정상적으로 작동하는지 확인하고, 이후 제출 기능을 통해 교사에게 결과를 제출한다. 교사는 학생들이 제출한 코드를 통해 정답 여부를 체크하고, 필요한 피드백을 제공한다.

<학생 실습 화면>　　　　　　　　　　<교사 튜터링 화면>

<table>
<tr>
<td rowspan="2">전개 2
(실험실습)</td>
<td>

- 명령어 학습 : 학생들은 다음과 같은 명령어들을 학습하고 실습한다. 학생들은 이러한 명령어를 실습 환경에서 직접 실행해 보며, 각 명령어의 역할과 작동 방식을 이해하게 된다. 학생들은 명령어의 조합을 통해 주어진 목표(예: 당근을 특정 위치로 옮기기)를 달성하며 문제 해결 능력을 키운다.
- 교사의 역할 : 교사는 실습 환경에서 학생들이 올바르게 코드를 작성하고 실행할 수 있도록 지도하며, 실시간으로 학생들의 작업을 모니터링하고 오류가 발생한 경우 즉각적인 도움을 제공한다. 또한, 학생들이 자신감을 갖고 실습을 이어갈 수 있도록 격려하고, 모든 학생이 실습에 참여할 수 있도록 독려한다.
</td>
</tr>
</table>

<학생 실습 장면>

정리
(학습확인)

- 대시보드를 통한 성취도 확인

  교사는 대시보드를 활용하여 학생들이 수업 중 수행한 과제와 실습 내용을 확인하고, 성취도가 낮은 학생들을 파악한다. 이 정보를 바탕으로 개별화 학습을 진행하여 부족한 부분을 보완할 수 있도록 한다.

- 그룹별 멘토링 활동

  성취도가 높은 학생들을 중심으로 그룹을 구성하여, 그룹별 활동을 통해 친구들 간 멘토링 활동을 진행한다. 이를 통해 학생들은 서로의 학습을 도울 수 있으며, 학습의 깊이를 더할 수 있다. 멘토링 활동은 학생들에게 협동심을 기르고, 학습 내용을 복습하고 강화하는 기회를 제공한다.

- 자기 평가하기 : 학생들이 오늘 수업에서 배운 내용 중 잘 이해한 점과 어려웠던 점을 작성해 보면서 자신의 학습 과정을 돌아보게 한다. 이를 통해 앞으로의 학습 방향을 설정할 수 있도록 돕는다.

- 수행과제 추가 제시 : 마지막으로 학생들에게 추가 과제를 제시한다. 함수와 반복문을 결합하여 더 복잡한 캐릭터 동작을 구현해 보는 도전 과제를 통해 사고력을 확장시키고, 배운 내용을 실제로 응용할 기회를 제공한다.

학생 결과물

2. 변수와 연산

당근 개수 만큼 심기 II

이번에는 세계마다 당근이 존재하는 위치도 달라진대요!

당근이 총 몇개인지 센 후, 토끼밭에 당근을 심어 보세요~

당근을 잘 심었는지 확인하기 위하여 헬로빗을 (10, 2)의 위치로 이동시켜 봅시다.

add1.wld, add2.wld, add3.wld, add4.wld 세계에 존재하는 당근의 개수가 달라요. 모든 세계에서 동작할 수 있도록 코드를 작성해 봅시다.

🖉 미션

헬로빗이 직진하는 동안 존재하는 모든 당근의 수를 센 후, (10, 1) 위치에 당근을 심어 주세요.

단, 당근을 뽑는것이 아니라 갯수만 확인해야 한다는 점을 주의해 주세요!

[예제 1] 3 + 2 = 5

```
# 헬로빗과 당근밭을 불러와 동물을 호출합니다.
from elicerabbits2 import *
import time as _time
# 토끼굴을 소환합니다.
load_world("worlds/add1.wld")
# load_world("worlds/add2.wld")
# load_world("worlds/add3.wld")
# load_world("worlds/add4.wld")

rabbit = Rabbit(carrots = 100)
rabbit.set_pause(0.2)
_time.sleep(0.2)
rabbit.set_trace('blue')

# 당근의 개수를 저장할 변수 cnt에 초기값 0을 설정해요.
cnt = 0
# 당근이 연속 나올지 몰라요! (10, 1) 위치로 이동하면서 count_carrot()으로 당근의 개수를 확인해 보세요.
rabbit.move()
    cnt += rabbit.count_carrot()
# 토끼의 방법 (10, 1) 위치로 이동해 당근의 갯수만큼 당근을 심어주세요.
rabbit.move()
for i in range(cnt):
    rabbit.drop_carrot()
# 당근을 모두 심은 후, 헬로빗을 (10, 2) 위치로 이동시켜 주세요.
rabbit.turn_left()
rabbit.move()
```

1. 반복문 해결 프로그래밍

친구에게 당근 선물하기

헬로빗은 이제 당근을 꽤 많이 갖고 있어요. 그래서 친구에게 당근 하나를 선물로 주려고 해요.

친구는 지금 계단 맨 위에 있어요. 헬로빗이 계단 맨 끝에 당근을 두고 다시 원위치로 돌아오도록 코드를 써보아요.

🖉 미션

당근을 (10, 5) 위치에 배달한 후, 다시 원위치(1, 1)로 돌아와 봅시다.

계단을 이동하기 위해서는 특정 동작이 반복되겠군요! 함수와 반복문을 사용해서 코드를 간단히 만들어 보세요!

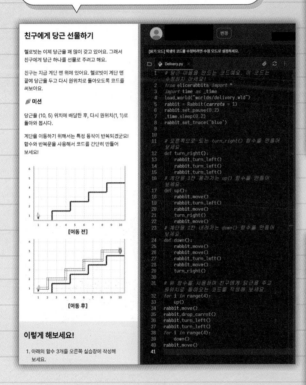

[이동 전]

[이동 후]

이렇게 해보세요!

1. 아래의 함수 3개를 오른쪽 실습창에 작성해 보세요.

```
# 당근 개수를 만드는 코드에요. 이 코드를 수정하긴 마세요!
from elicerabbits import *
import time as _time
load_world("worlds/delivery.wld")
rabbit = Rabbit(carrots = 1)
rabbit.set_pause(0.2)
_time.sleep(0.2)
rabbit.set_trace('blue')

# 오른쪽으로 도는 turn_right() 함수를 만들어 보세요.
def turn_right():
    rabbit.turn_left()
    rabbit.turn_left()
    rabbit.turn_left()
# 계단을 1칸 올라가는 up() 함수를 만들어 보세요.
def up():
    rabbit.move()
    rabbit.turn_left()
    rabbit.move()
    turn_right()
    rabbit.move()
# 계단을 1칸 내려가는 down() 함수를 만들어 보세요.
def down():
    rabbit.move()
    rabbit.move()
    rabbit.turn_left()
    rabbit.move()
    turn_right()
# 위 함수를 사용하여 친구에게 당근을 주고 원위치로 돌아오는 코드를 작성해 보세요.
for i in range(4):
    up()
rabbit.move()
rabbit.drop_carrot()
rabbit.turn_left()
rabbit.turn_left()
for i in range(4):
    down()
rabbit.move()
```

3. 이중 반복문

뱅글뱅글 당근 심기!

헬로빗이 뱅글뱅글 돌면서 모든 칸에 당근을 심으려고 해요. 당근을 아래 규칙에 따라 심어볼까요?

1. 당근을 달팽이 모양으로 뱅글뱅글 돌아가며 심어주세요.
2. 달팽이 모양은 시계 반대 방향으로 돌아가요.

🖉 미션

뱅글뱅글 멋진 달팽이 모양에 맞춰 당근을 심어 봅시다! 반복문의 숫자를 변경해보며 이중 반복의 구조에 익숙해져 보세요~

[이동 전]   [이동 후]

이렇게 해봅시다!

1. 크게 한바퀴 도는 반복문을 작성해 보세요. 몇번 돌아야 할까요?
   - 처음 위치인 (1, 1)까지 가면 안되고, (1, 2) 위치까지 가야해요.
   - 아래 코드를 참고해보세요.

```
for j in range(2):
    for i in range(4):
        rabbit.drop_carrot()
```

```
from elicerabbits import *
import time as _time
create_world(avenues=5, streets=5)

# 당근을 100000개 가지고 있는 토끼굴을 소환합니다.
# 당근 개수를 수정하면 오류가 발생할 수 있습니다.
rabbit = Rabbit(carrots=100000)
rabbit.set_trace('red')
_time.sleep(0.1)
rabbit.set_pause(0.1)

# 오른쪽으로 회전하는 함수입니다.
def turn_right():
    for i in range(3):
        rabbit.turn_right()

# 아래에 코드를 작성해 주세요.
for i in range(4):
    rabbit.drop_carrot()
    rabbit.move()
rabbit.drop_carrot()
rabbit.turn_left()
for i in range(4):
    rabbit.move()
    rabbit.drop_carrot()
rabbit.turn_left()
for i in range(4):
    rabbit.move()
    rabbit.drop_carrot()
rabbit.turn_left()
for i in range(3):
    rabbit.move()
    rabbit.drop_carrot()
rabbit.turn_left()
for i in range(3):
    rabbit.move()
    rabbit.drop_carrot()

for j in range(2):
    rabbit.turn_left()
    for i in range(2):
        rabbit.move()
        rabbit.drop_carrot()

for i in range(2):
    rabbit.turn_left()
    rabbit.move()
    rabbit.drop_carrot()
```

4. IF 문

집을 찾아가요

헬로빗이 어디에 있던 집 (1, 1) 위치로 찾아갈 수 있어야 해요.

그러기 위해서는 아래와 같이 움직이면 된다고 하네요~

1. 헬로빗이 북쪽을 바라보도록 회전해요.
2. 북쪽(위쪽) 끝까지 이동한 후 왼쪽으로 회전해요.
3. 서쪽(왼쪽) 끝까지 이동한 후 왼쪽으로 회전해요.
4. 남쪽(아래쪽) 끝까지 이동한 후 왼쪽으로 회전해요.

🖊 미션

엘리스 월드의 크기도 달라지고, 헬로빗의 위치도 달라질 거예요! 어떤 상황이 찾아오더라도 헬로빗이 집으로 돌아갈 수 있도록 도와주세요~

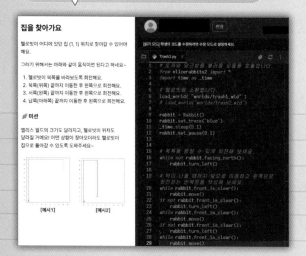

```
1  # 토끼와 당근밭을 불러올 모듈을 호출합니다.
2  from elicerabbits2 import *
3  import time as _time
4
5  # 헬로빗을 소환합니다.
6  load_world( "worlds/trash1.wld" )
7  # load_world("worlds/trash2.wld")
8
9  rabbit = Rabbit()
10 rabbit.set_trace('blue')
11 _time.sleep(0.1)
12 rabbit.set_pause(0.1)
13
14
15 # 북쪽을 향할 수 있게 회전해 보세요.
16 while not rabbit.facing_north():
17     rabbit.turn_left()
18
19 # 벽이 나올 때까지 앞으로 이동하고 왼쪽으로
   회전하는 반복문을 작성해 보세요.
20 while rabbit.front_is_clear():
21     rabbit.move()
22 if not rabbit.front_is_clear():
23     rabbit.turn_left()
24 while rabbit.front_is_clear():
25     rabbit.move()
26 if not rabbit.front_is_clear():
27     rabbit.turn_left()
28 while rabbit.front_is_clear():
29     rabbit.move()
```

5. 프로젝트1

알파벳 써보기

먼저 당근을 하나씩 놓아 알파벳 "H"를 써볼까요?

아래 순서를 따라 H를 완성해 보세요!

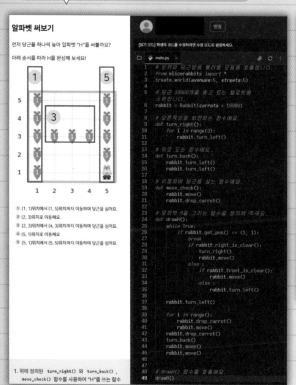

① (1, 1)위치에서 (1, 5)위치까지 이동하며 당근을 심어요.
② (2, 3)위치로 이동해요.
③ (2, 3)위치에서 (4, 3)위치까지 이동하며 당근을 심어요.
④ (5, 1)위치로 이동해요.
⑤ (5, 1)위치에서 (5, 5)위치까지 이동하며 당근을 심어요.

1. 위에 정의한 turn_right() 와 turn_back() , move_check() 함수를 사용하여 "H"를 쓰는 함수

```
1  # 토끼와 당근밭을 불러올 모듈을 호출합니다.
2  from elicerabbits import *
3  create_world(avenues=5, streets=5)
4
5  # 당근 10000개를 들고 있는 헬로빗을
   소환합니다.
6  rabbit = Rabbit(carrots = 10000)
7
8  # 오른쪽으로 회전하는 함수예요.
9  def turn_right():
10     for i in range(3):
11         rabbit.turn_left()
12
13 # 뒤로 도는 함수예요.
14 def turn_back():
15     rabbit.turn_left()
16     rabbit.turn_left()
17
18 # 이동하며 당근을 심는 함수예요.
19 def move_check():
20     rabbit.move()
21     rabbit.drop_carrot()
22
23 # 알파벳 H를 그리는 함수를 정의해 주세요.
24 def drawH():
25     while True:
26         if rabbit.get_pos() == (1, 1):
27             break
28         if rabbit.right_is_clear():
29             turn_right()
30             rabbit.move()
31         else :
32             if rabbit.front_is_clear():
33                 rabbit.move()
34             else :
35                 rabbit.turn_left()
36
37     rabbit.turn_left()
38
39     for i in range():
40         rabbit.drop_carrot()
41         rabbit.move()
42     rabbit.drop_carrot()
43     turn_back()
44     rabbit.move()
45     rabbit.move()
46
47
48 # drawH() 함수를 호출해요.
49 drawH()
```

6. 프로젝트2

미로찾기

헬로빗이 미로속에 갇혔어요! (7, 7) 위치에 가면 달출할 수 있어요. 미로가 계속 바뀌니 어떤 미로에서도 달출할 수 있어야 해요.

```
x, y = rabbit.get_pos()      [Copy]
```

위 코드를 이용하면 헬로빗의 x좌표와 y좌표를 알 수 있어요.

[예제1]

30102강호연
2230102@ysite.ms.kr
2024.

```
1  # 헬로빗과 미로를 불러올 모듈을 호출합니다.
2  from elicerabbits2 import *
3  import time as _time
4
5  # 미로를 소환합니다.
6  load_world("worlds/Maze2.wld")
7  # load_world("worlds/Maze2.wld")
8
9  # 헬로빗을 소환합니다.
10 rabbit = Rabbit()
11 rabbit.set_trace("blue")
12 _time.sleep(0.1)
13 rabbit.set_pause(0.1)
14
15 def turn_right():
16     for i in range(3):
17         rabbit.turn_left()
18
19 while True:
20     # 헬로빗이 (7, 7)의 위치에 도착하면
       무한반복을 멈춰요.
21     if rabbit.get_pos() == (7, 7):
22         break
23     # 오른쪽이 비어 있다면, 오른쪽으로 한 칸
       이동해요.
24     if rabbit.right_is_clear():
25         turn_right()
26         rabbit.move()
27     # 그렇지 않고 만약 앞이 비어있다면,
       앞으로 한 칸 이동해요.
28     else :
29         if rabbit.front_is_clear():
30             rabbit.move()
31         # 모두 아니라면 왼쪽으로 회전해요.
32         else :
33             rabbit.turn_left()
```

교사 인터뷰

고기식 교사

Q AI 코스웨어 플랫폼의 장점은 무엇인가요?

A AI 코스웨어 플랫폼의 가장 큰 장점은 학생들이 흥미를 잃지 않고 프로그래밍을 학습할 수 있다는 점입니다. 헬로 빗과 같은 AI 코스웨어는 게임과 같은 요소를 포함하고 있어 학생들이 더 적극적으로 참여하고 몰입할 수 있게 합니다. 학습 과정에서 학생들은 재미를 느끼며 프로그래밍 개념을 자연스럽게 습득할 수 있습니다. 또한, AI 코스웨어는 학생들이 실시간으로 피드백을 받을 수 있는 환경을 제공해, 자신의 학습 과정을 지속적으로 개선할 수 있도록 돕습니다. 학생 개개인이 언제든지 오류를 수정하고 문제를 해결할 수 있는 도구를 가짐으로써 자율적인 학습 환경이 조성됩니다.

Q 프로그래밍 교육에서 AI 플랫폼을 사용하면 어떤 효과가 있나요?

A AI 플랫폼을 사용하면 교사가 학생들의 성취도를 일괄적으로 확인할 수 있습니다. 학생들이 실습한 내용을 대시보드를 통해 실시간으로 확인할 수 있으며, 성취도가 낮은 학생들에게 개별적인 피드백을 제공함으로써 맞춤형 학습을 지원할 수 있습니다. 대시보드는 각 학생의 학습 진도를 시각적으로 보여주기 때문에, 교사는 학생들의 강점과 약점을 쉽게 파악할 수 있습니다. 이를 통해 교사는 학습

의 흐름을 개별적으로 조정하고, 필요한 경우 추가적인 지원을 제공하여 모든 학생이 자신의 학습 목표를 달성할 수 있도록 돕습니다.

Q AI 코스웨어를 통해 학생들의 참여도가 어떻게 변화했나요?

A AI 코스웨어를 사용한 후 학생들의 참여도가 눈에 띄게 높아졌습니다. 게임적인 요소와 캐릭터 조작 등이 포함되어 있어 학생들이 학습 과정에서 즐거움을 느끼며, 적극적으로 문제를 해결하려고 노력하는 모습을 볼 수 있습니다. 특히, 미션 형식으로 구성된 학습 활동은 학생들에게 도전 의식을 불러일으켜 더 적극적으로 참여하게 만듭니다. 이전에는 소극적이었던 학생들도 AI 코스웨어의 시각적이고 상호작용적인 학습 방법을 통해 더 적극적으로 참여하게 되었습니다. 이를 통해 교사는 수업에서 학생들의 몰입을 자연스럽게 유도할 수 있습니다.

Q AI헬피(챗봇)을 이용했을 때 학생들이 얻을 수 있는 장점은 무엇인가요?

A AI헬피(챗봇)을 통해 학생들은 수업 중 사소한 질문이나 단순한 코드 오류에 대해 스스로 해결할 수 있는 기회를 갖게 됩니다. 이는 학생들이 주체적으로 학습에 참여하

게 하고, 교사의 개입 없이도 문제를 해결하는 능력을 키울 수 있도록 돕습니다. 학생들은 언제든지 질문하고 답을 얻을 수 있는 도구를 갖게 됨으로써 학습의 연속성을 유지할 수 있습니다. 또한, AI헬피는 즉각적인 피드백을 제공하여 학생들이 코드 오류를 빠르게 수정하고, 이해하지 못한 개념을 그 자리에서 해결할 수 있게 합니다. 이러한 접근은 학생들이 수업 시간에 스스로 해결하는 능력을 기르는 데 큰 도움이 되며, 학습에 대한 자신감을 심어줍니다.

Q 수업에서 AI헬피를 활용하면 어떤 효과가 있나요?

A AI헬피(챗봇)을 활용하면 수업의 효율성이 크게 향상됩니다. 학생들이 코드 오류나 이해가 되지 않는 부분에 대해 스스로 질문하고 답을 찾을 수 있기 때문에, 교사의 시간과 노력이 절약되며 학생 개별의 학습 속도를 지원할 수 있습니다. 특히, 사소한 질문이나 반복적인 오류 수정 등의 부분에서 AI헬피를 사용하면 학생들이 스스로 문제를 해결하면서 자신감을 쌓을 수 있습니다. 이러한 자기 주도적 학습 환경은 교사가 더 복잡하고 심화된 내용을 지도하는 데 시간을 할애할 수 있게 하고, 학생들은 필요한 도움을 즉시 받을 수 있어 학습의 효율이 높아집니다. AI헬피를 통한 학습은 학생들이 직접 학습의 주체가 되는 경험을 제공하며, 이를 통해 학습의 책임감을 가지게 합니다.

Q AI 코스웨어와 기존의 프로그래밍 교육 방식과의 차이점은 무엇인가요?

A 기존의 프로그래밍 교육은 주로 이론 중심으로 진행되었고, 학생들이 개념을 이해하기 어려워하는 경우가 많았습니다. 반면, AI 코스웨어는 이론과 실습이 결합된 방식으로, 학생들이 직접 캐릭터를 조작하고 결과를 확인함으로써 실습을 통해 개념을 이해할 수 있습니다. AI 코스웨어는 학생들이 학습한 이론을 즉시 실습으로 연결할 수 있도록 하여 학습 내용을 빠르게 적용하고 이해할 수 있게 합니다. 이로 인해 학습 효과가 훨씬 더 크며, 학습의 재미를 더해주어 학생들이 쉽게 지루해하지 않습니다. 학생들은 단순히 코드를 작성하는 것이 아니라, 문제를 해결하기 위한 도구로 프로그래밍을 사용하게 되면서 프로그래밍의 실질적인 가치를 체험하게 됩니다.

Q AI 코스웨어를 사용하면서 교사의 역할은 어떻게 변화했나요?

A AI 코스웨어를 사용하면서 교사의 역할은 학습 자료를 전달하는 역할에서 학생들의 학습 과정을 지원하고 피드백을 제공하는 역할로 변화했습니다. 교사는 실습 과정을 모니터링하며 학생들이 문제를 해결할 수 있도록 돕고, 필요한 경우 개별적으로 지도하며 학생의 성장을 도와주는 역할을 하게 됩니다. 또한, 교사는 학생들이 AI 코스웨어에서 겪는 어려움을 빠르게 파악하고, 이를 해결하기 위한 전략을 제공하여 학습 과정에서 학생들이 좌절하지 않도록 합니다. 교사는 또한 학생들의 성취도를 분석하여 각기 다른 학습 필요에 맞춘 피드백을 제공함으로써, 학생 개별의 성장을 도울 수 있습니다. 이런 방식으로 교사는 학생들의 학습 여정을 함께하며, 더 나은 학습 환경을 만들어갑니다.

Q 학생들이 AI 코스웨어에서 어려움을 겪는 부분은 무엇인가요?

A 학생들이 어려움을 겪는 부분은 주로 프로그래밍 논리의 이해와 코드 오류 해결입니다. 프로그래밍의 논리를 처음 접하는 학생들은 순차적이고 조건적인 흐름을 이해하는 데 어려움을 느낄 수 있습니다. 하지만 AI 코스웨어 내에 제공되는 챗봇이나 실시간 피드백 기능을 통해 이러한 어려움을 쉽게 극복할 수 있도록 지원하고 있습니다. 또한, 교사는 이러한 문제를 겪는 학생들에게 개별적인 도움을 제공하고, 반복적인 실습을 통해 논리적인 사고를 키울 수 있도록 도와줍니다. 학생들은 이러한 지원을 통해 점차 프로그래밍 개념을 이해하고, 자신의 실수를 수정하며 성장해 나가고 있습니다

Q AI 코스웨어를 통한 수업에서 협력 학습이 이루어지나요?

A 네, 협력 학습이 중요한 요소로 자리 잡고 있습니다. AI 코스웨어를 활용한 수업에서는 그룹별로 문제를 해결하거나 서로의 결과물을 공유하면서 협력 학습이 자연스럽게 이루어집니다. 학생들은 각자 다른 역할을 맡아 협력하여 문제를 해결하는 과정에서 서로 배우고, 팀워크의 중요성을 체험하게 됩니다. 특히, 멘토링 활동을 통해 학생들이 서로 돕고 배우는 기회를 가질 수 있습니다. 예를 들어, 프로그래밍에 익숙한 학생이 어려움을 겪는 친구를 도와주는 멘토링 활동은 협동심을 기르는 동시에, 멘토 역할을 하는 학생의 학습을 심화시키는 데에도 큰 도움이 됩니다. 협력 학습은 학생들 간의 긍정적인 상호작용을 촉진하며, 수업의 분위기를 활기차게 만들어줍니다.

Q 앞으로 AI 코스웨어를 활용한 수업을 어떻게 발전시키고 싶으신가요?Q

A 앞으로는 AI 코스웨어를 활용하여 더욱 다양한 프로젝트 기반 학습을 도입하고 싶습니다. 학생들이 실제 문제를 해결하는 프로젝트를 통해 프로그래밍이 일상생활에 어떻게 적용되는지 체험하고, 창의적인 문제 해결 능력을 기를 수 있도록 돕고 싶습니다. 또한, AI와의 상호작용을 통해 학생들이 미래의 기술과 친숙해질 수 있도록 하는 것을 목표로 하고 있습니다. 예를 들어, AI 코스웨어를 활용하여 스마트 홈 시스템을 개발하거나, 환경 문제를 해결하는 프로그램을 만드는 등 실질적인 프로젝트를 통해 학생들의 창의력을 자극하고, 기술의 활용 가능성을 경험할 수 있게 하고 싶습니다. 이러한 경험은 학생들이 미래의 사회에서 능동적이고 창의적인 인재로 성장하는 데 큰 밑거름이 될 것입니다.

3학년 이정우

에듀테크와 AI 코스웨어를 통한 코딩 학습 경험과 성장

Q 에듀테크 플랫폼을 활용하여 코딩을 배운 경험에 대해 이야기해 주세요.

A 저는 정보 시간에 앨리스 스쿨 같은 AI 코스웨어 플랫폼을 통해 코딩을 배웠습니다. 3학년 1년 동안 에듀테크 도구들을 활용해 수업을 들었는데, 그 경험을 통해 좋았던 점이 많았습니다. 처음 텍스트 코딩을 한다고 했을 때 너무 어렵고 코드를 외워야 한다는 생각에 막막했지만, 게임 형식으로 문제를 풀며 기본적인 텍스트 코딩 명령어들을 익히게 되어 좋았습니다. 문제를 게임 형식으로 풀어가는 과정에서 학생들이 흥미를 느끼고 이해하기 쉽게 구성되어 있어 더 잘 배울 수 있었습니다.

Q 에듀테크 플랫폼에서 AI의 도움을 받으면서 어떤 장점이 있었나요?

A 엘리스스쿨의 큰 장점은 AI를 활용해 모르는 문제나 틀린 이유를 부담 없이 물어보고 바로 답을 찾을 수 있다는 점이었어요. 선생님은 한 분이기 때문에 많은 학생들을 모두 봐주기 어려운데, AI는 궁금증을 바로바로 해결해줘서 기다리는 시간을 줄일 수 있었습니다. 또한, 학교에서 못 풀었거나 부족한 부분들을 집에서 AI를 통해 보완하며 혼자 학습할 수 있어 코딩 실력을 향상하는 데 도움이 되었습니다. 문제를 풀다 보면 더 쉽게 푸는 방법이나 코드를 단축하는 방법을 고민하게 되는데, 이 역시 AI에게 질문하여 해결할 수 있었습니다.

Q 에듀테크 수업과 교과서 수업은 어떻게 다른가요?

A 교과서를 볼 때는 내용이 부족하거나 궁금한 내용을 바로 찾아볼 수 없는 경우가 많지만, 에듀테크 수업은 교과서보다 내용이 풍부하고 궁금한 부분을 즉시 확인할 수 있어 좋았습니다. 이렇게 정보를 스스로 찾아보는 과정 덕분에 더 많은 내용을 기억할 수 있었고, 일반적인 수업보다 기억에 더 잘 남았던 것 같습니다.

Q 코딩 실력을 높이기 위해 중요하다고 생각하는 점은?

A 저는 코딩을 잘하기 위해 다양한 언어를 알고 이를 문제 상황에 응용하는 방법을 배우는 것이 중요하다고 생각합니다. 이를 위해 많은 코딩 문제를 풀어보는 것이 필요하다고 생각해요. 엘리스스쿨을 활용하면 다양한 유형과 많은 문제들을 풀어볼 수 있어 코딩 실력을 키우는 데 큰 도움이 되었습니다.

Q 친구들과 협력하면서 어떤 경험을 했나요?

A 가끔 친구와 같은 문제에서 모르는 점이 생기거나, 제가 풀었지만 친구가 해결하지 못한 상황이 있었습니다. 이때 친구와 함께 문제를 풀거나 제가 친구에게 문제를 푸는 방법을 알려주면서 협업 능력을 키울 수 있었고, 서로 부족한 점을 채워주는 좋은 경험이 되었습니다.

Q 에듀테크 수업을 통해 얻은 변화는 무엇인가요?

A 코딩 실력뿐만 아니라 친구들과의 협동심, 능동적인 문제 해결 능력 등 다양한 능력을 키울 수 있었습니다. 기술이 계속 발전하고 새로운 것들이 생겨나는 시대에서 교육도 변화해야 한다고 생각해요. AI와 상호작용하며 문제 해결 능력을 키우고, 미래 사회에서 필요한 핵심 역량을 키워 변화하는 세상에 능동적으로 대처할 수 있는 인재로 성장하는 것이 중요하다고 생각합니다. 전통적인 수업에서 벗어나 새로운 형태의 교육이 처음에는 어색할 수 있지만, 우리의 미래를 위해 필요한 변화라고 생각합니다.

3학년 최승리

AI 코스웨어 플랫폼을 통한 코딩 학습 경험과 변화

Q AI 코스웨어 플랫폼을 하며 좋았던 점은 무엇인가요?
A 저는 문제 해결과 프로그래밍 시간에 AI 코스웨어 플랫폼을 통해 텍스트 코딩을 시작했습니다.

이 플랫폼의 **첫 번째 장점**은 텍스트 코딩을 시작할 때 텍스트 코딩의 기초를 매우 쉽고 재밌게 알려준다는 것입니다. 저는 중학교 1학년 때 블록코딩이 아닌 텍스트 코딩을 배우려고 책을 한 권 구매했었는데, 텍스트 코딩이 블록코딩처럼 한글을 지원하는 것도 아니고, 내용이 직관적이지 않고 추상적이어서 이해가 어려웠습니다. 또한 그 코드를 책에 나와있는 예시가 아니면 활용하기 어려웠습니다. 결국 저는 텍스트 코딩을 배우기를 포기했습니다. 하지만 3학년이 되고 헬로빗 프로그램을 통해 텍스트 코딩을 접하니 제가 작성한 코드의 실행 결과를 바로 확인할 수 있어 텍스트 코딩을 마치 블록코딩처럼 쉽게 이해할 수 있었습니다. 또한 텍스트 코딩의 명령어의 기능만 알려주는 것이 아니고 명령어의 개념또한 알려주어 명령어의 활용도 다양하게 할 수 있었습니다.

두 번째 장점은 바로 헬피인데요, 이 헬피는 AI 챗봇으로 만약 제가 정답과 맞지 않는 코드를 작성하거나 오류가 있는 코드를 작성했을 때 어느 부분이 틀렸는지 물어볼 수 있고, 고칠 부분을 자세히 알려줍니다. 예를 들자면 텍스트 코딩에서 오류가 있는 코드를 작성했을 때 그 코드를 실행하면 코드 작성하는 데 익숙치 않은 사람들은 전혀 이해하지 못하게 오류를 표시하는데, 그런 문제가 있을 때 이 헬피에게 오류의 종류가 무엇인지 물어보면 매우 자세하게 오류의 종류와 어떤 줄에서 오류가 발생했는지 등을 세세하게 알려줍니다. 시간과 장소에 구애받지 않고 쉽게 질문

할 수 있어서 제가 학교에 있던 집에 있던 간에 빠르게 부족한 부분을 보완할 수 있었습니다.

세 번째 장점은 이 플랫폼이 마치 게임같은 형태를 갖고 있다는 것입니다. 마치 게임의 난이도가 뒤로 갈수록 어려워지듯이 뒤로 갈수록 새로운 코딩 기초 지식을 배우고 문제를 풀어나가며 추상적인 코드를 구체적인 문제 해결로 이끌어나가는 능력인 문제 해결 능력을 자연스럽게 기를 수 있습니다. 또한 문제를 틀려도 몇번이고 재도전할 수 있는 방식이 문제를 틀리는 것을 두려워하지 않고 상상력을 발휘해 코드를 구성해보게 하여 창의력을 키워줍니다.

Q AI 코스웨어를 활용한 수업에서 어떻게 협동이 이루어지나요?
A 저희는 멘토링 활동을 했었습니다. 저는 코드에 대한 이해가 빨라 이 수업에서 멘토 역할을 맡았었는데, 저는 멘티 역할의 친구 3명과 함께 조를 만들어 멘토링 활동을 하며 수업을 받았습니다. 저희 조 모두 자신의 단계에 맞게 문제를 풀어나가다가 멘티 친구들이 어려운 문제를 AI 챗봇에게 물어봤는데도 잘 이해가 가지 않는 경우에는 멘토 역할인 저에게 질문을 하였습니다. 이러한 활동을 통해 멘티 친구가 쉽게 이해하는 것 뿐만이 아니라 저 또한 문제를 풀기만 하는 것이 아닌 문제의 본질을 이해하고 그것을 기초 수준의 언어로 이해하기 쉽게 풀어 설명하는 능력을 기를 수 있었습니다. 또 친한 친구들이 서로 조를 만들어 공부하다보니 자연스럽게 수업 분위기도 좋아졌습니다.

Q AI 챗봇에게 모르는 것을 물어본다면 선생님은 문제를 풀 때 어떤 역할을 하시나요?

A 먼저 이 문제를 풀기 위해서는 코드에 대한 기초적인 이해가 필요한데, 아무리 이해하기 쉽게 풀어 썼다 할지라도 글로만 써져 있는 것을 이해하기는 쉽지 않습니다. 그래서 제일 처음으로는 그런 기초적인 개념들을 설명하십니다. 또한 실시간으로 저희의 문제 풀이 과정을 지켜보시고 저희가 AI 챗봇의 피드백을 제대로 이해하지 못했을 때 각 개인의 상황에 맞게 빠른 피드백을 해 주십니다.

Q 1년동안 AI 코스웨어 플랫폼을 활용한 수업을 들으면서 어떤 점이 바뀌었나요?

A AI 코스웨어 플랫폼을 통해 코딩에 대한 막연한 두려움이 많이 사라졌습니다. 수업 초반에는 코드가 마냥 복잡하고 어렵게만 보였는데, 플랫폼 속 미션들을 하나씩 풀어나가며 코딩이 제 생각보다 재미있고 논리적인 활동이라는 것을 알게 되었습니다. 또한 저와 같이 코딩에 흥미를 붙인 학생들끼리 모여 대회도 참가해보았습니다. 이 수업이 끝난 후에도 코딩을 계속 배우고 싶어졌고, 일상생활 속 문제를 해결하는 프로젝트도 도전해보고 싶다는 생각이 들었습니다. 한마디로 정리하자면 이전과 비교했을 때 코딩을 보는 관점이 달라졌다고 생각합니다.

Q AI 코스웨어 플랫폼이 미래에 어떻게 발전하면 좋을까요?

A 저는 이런 형태의 플랫폼이 코딩이나 소프트웨어 교육에만 국한되지 않고 다른 교과목과 융합하여 쓰이도록 발전했으면 좋을 것 같습니다. 가령 일차방정식을 푸는 알고리즘을 작성하다거나, 역사적 사건들을 코딩과 소프트웨어를 사용해 시뮬레이션 해보고 과거에 이러한 선택을 했다면 어떤 결과가 나타나는지 확인하는 등의 수업이 재밌고 이해도 쉬울 것 같습니다. 또한 우리 사회의 문제들을 코딩으로 해결하는 형식으로 발전하면 학생들이 코딩이 실제 삶에서 어떻게 활용될지 쉽게 체감할 수 있을 것 같습니다.

Q AI 코스웨어 플랫폼을 이용한 수업을 들으며 느낀점은 무엇인가요?

A 예전에는 텍스트 코딩이 단순히 문법 외우기라고 생각했는데, 게임처럼 문제를 해결하며 수업을 받다 보니 '이 코딩을 어디까지 사용할 수 있을까?'라는 궁금증이 생겼고, 실생활에서 응용해보고 싶다고 생각해보았습니다. 그래서 친구들과 함께 팀을 이루어 대회에 출전하면서 서로 다른 시각으로 문제를 바라보고 해결하는 방법을 배웠습니다.이것들이 AI 코스웨어 플랫폼을 이용한 수업을 들어 생긴 궁금증과 생각들이고, 이러한 생각을 갖게 해주는 수업은 흔치 않다고 생각합니다. 그래서 저는 이러한 수업이 정말 재밌었고 앞으로 많아졌으면 좋겠다고 느꼈습니다.